I0142870

www.aalmas.eu

Inflexões

António Almas

Do todo que somos, apenas uma parte é visível aos outros. É preciso estar atento para perceber, para sentir, o que vai por detrás das diversas capas que vestimos. A transparência não é tão translúcida como a água. Não porque pretendamos enganar alguém, mas simplesmente porque neste mundo tão egocêntrico, temos de usar subterfúgios para nos protegermos.

Ficha técnica

Título: Inflexões

Autor: António Almas

Edição: Edição Própria de António J. F. Almas

Apartado 111

7160-999 EC Vila Viçosa

edicao.propria@gmail.com

Design e Paginação: António Almas

Impressão: P.O.D.

ISBN: 978-989-96808-8-3

Depósito Legal: 380972/14

Vila Viçosa, 1 de Outubro de 2014

Inflexões

No abstracto dos meus sentidos deixo o corpo inflectir, soltando a alma no espaço ínfimo deste instante em que parto. Não fico, fechado neste lugar lúgubre, não espero que chegue a hora de sair, vou, sem mais demorar para lá da extrema da realidade, cruzando o vácuo que serve de parede e impede o corpo de seguir, em frente.

Em espaço térreo deixo ficar os restos, despojos do que já não sou. O ar é o meu mundo, onde me sinto livre, onde me faço vivo. Queimo os sentidos que em pedaços de cinza se derramam num rasto de partida, num lamento de despedida.

Não olho atrás, porque não preciso sentir mais aquele ardor que provocava em mim a imensa dor de saber existir sem perceber porquê. Há neste silêncio que me toma nos braços, um etéreo momento de êxtase prolongado que faz de mim apenas luz, energia.

António Almas   7

Inflexões

Na curva do tempo sou um corpo ao abandono, parte de um silêncio calado que não suporto. Perco-me em labirínticos pensamentos, pesadelos que incrementam os meus medos. Espero que a ausência parta para que o meu corpo acompanhe a minha alma. Espero que os fantasmas se dissipem e em mim, que as tormentas se desfaçam em chuva, que a vida seja lavada de toda a miséria.

Aguardo o sinal dos tempos, o momento em que virá o meu chamamento, em que Alguém recolha a minha energia, em que o corpo morra e se dissolva na Terra. Partirei ciente de que em qualquer instante fui semente, árvore e fruto, fui alimento, destroço e muro onde se ampararam os que da minha sombra necessitaram.

Espero apenas, e sinto-me em paz nesta paragem, aguardando pela minha vez de voltar a casa.

António Almas

Inflexões

É difícil deduzir nos silêncios as vontades que não se dizem. Nem sempre aquilo que parece é, muitas vezes é reflexo de luz que nos ofusca e nos faz desviar do caminho, outras vezes é aviso que nos indica quando mudar de direcção. Cabe-nos ser capaz de ler o que ainda não foi escrito, de sentir o que ainda não foi sentido, para sermos alguma vez capaz de superar o que é necessário ser superado. Inventar-se é descobrir em si o próprio caminho, o destino e a vontade de ser aquilo que ainda não se é. Lamentavelmente dispersamo-nos ao invés de concentrarmos em nós tudo aquilo de que gostamos, depois, depois vem o abismo e simplesmente deixamos-nos cair.

António Almas   9

Inflexões

Rasgo os tecidos que envolvem o corpo, percorro com as unhas gastas a pele que se arranha numa vontade seca de fazer a carne doer. Não quero estar aqui, não quero ficar neste invólucro que me sufoca, deixa as minhas asas rasgar esta carcaça que me amordaça. Grito, num espasmo de loucura, num desejo incoerente de liberdade, num lamento dorido de vontade de ser aquilo que não sou.

Não entendes, não vês que isto que olhas não é de todo aquilo que sou, que é apenas um reflexo da luz que define a sombra de um corpo morto. Olha-me de olhos fechados, para veres o que realmente emana da minha alma, o que realmente é o reflexo da minha aura, ou serás cega? Não perceberás que não é apenas aquilo que podes tocar que também podes ver? Áh mulher, porque não sentes o calor que te transmito quando em sonhos te inundo de loucuras? Porque não descartas a pele e decides de uma vez por todas ser eterna, plena, e imortal.

António Almas

Inflexões

Na violência do quotidiano há uma paz disfarçada de calmaria que apenas apodrece o corpo em fétidos burgos que misturam a tristeza humana e a mascaram nos luxos da sociedade actual. As gerações emergentes perdem a noção de orientação, o mundo real restringe-se, contrai-se e morre fechado entre quatro paredes. A facilitação deixa o ser humano menos preparado, tornando-o dependente de um mundo oco, construído sobre alicerces que se desmoronam. Não podemos seguir em frente, levantar a casa, sem que exista um apoio, uma base que seja o fundamento do que vem a seguir. Como podemos amanhã aplicar regras que hoje não cumprimos? Como podemos no futuro castigar os prevaricadores se hoje não somos castigados por prevaricar?

Esta bola de neve que desce a colina da sociedade actual, acabará por nos engolir a todos, rebentando mais abaixo no vale quando chocar de frente com uma rocha espessa e dura, depois, voltaremos ao zero, e começará de novo a aventura humana na Terra.

António Almas   11

Inflexões

Pergunto-me tantas vezes pelos caminhos a percorrer, sobre a sanidade dos dias e a loucura das noites que atormentam os sonhos e explodem os pesadelos com vazios incomensuráveis. Não sei de onde brota tudo isto, se de uma vertiginosa queda no abismo dos sentidos, ou, uma eventual elevação aos céus num antecipar mórbido de uma fatalidade anunciada. Não peso os valores mais do que peso os sonhos, mas ambos equilibram o fiel da balança não me deixando escolher o que me apetece, quando me apetece fazer o que não devo ou não posso. Depois vem a revolta que me leva a gritar na surdina dos sentidos, a saber-me no mundo errado e preso a um corpo que me limita a alma e me deixa a nadar constantemente em círculos fechados. Fatídico destino que entrega a alma a tamanhas privações, vislumbre perfeito de paraíso que apenas ao longe se percebe e nos faz querer e não ter como alcançá-lo. Silêncio, que há muito mar para nadar.

Inflexões

Às vezes o tempo não me permite desdobrá-lo, não me permite segurá-lo na ponta dos dedos. Tantas vezes o vento não me deixa abrir as asas e o abismo teima em sugar-me o corpo. Resisto, caminho fincando os dedos na terra, os pés enterrados na areia, forço o passo, e deixo o compasso do relógio atrás do ponteiro dos segundos. Adianto-me, salto no ar e tento quebrar a corrente que me quer arrastar. Este lugar onde quero ir parar, é um sítio tranquilo, onde não se ouve o ruído do mundo ao trabalhar. Estes gritos que ecoam nas mentes das pessoas, são alucinações que a matriz pré concebida se encarrega de geral, para suas mentes baralhar. Áh como invejo aquele silêncio, aquele momento, em que me sento para descansar.

Inflexões

Fico aqui sentado, tentando perceber qual é o meu lado errado, será o homem, ou o sonho. Será o quotidiano, ou a imaginação que desequilibra a forma racional que deveria ter. Serei demasiado emocional, ou serei só um pouco louco. Perco-me tantas horas imerso no vazio que esta dicotomia me provoca que já não sei quando sou humano ou apenas ficção.

Receio bem estar a afundar-me, nesta amalgama de pensamentos, em que já nem o vento consegue penetrar, receio soçobrar no meio deste imenso mar. Gostava de definir um rumo, seguir um caminho regular, em que tudo o que me aparecesse fosse apenas uma estrada para enveredar. Mas nesta insanidade, abrem-se e fecham-se portas constantemente, sei que as provoco, que são como fantasmas que respondem ao chamamento, mas depois incapaz de os defrontar, escondo-me num canto recôndito e calo-me, fico apenas a olhar.

António Almas   14

Inflexões

Há um pedaço de chão feito de coisa nenhuma onde apoio a ponta do meu dedo, um último fôlego antes de encarar o abismo como caminho descendente que me levará de volta o inverso deste céu que sempre almejei conquistar. Cair, deixar os braços atrás das costas, a cabeça em bico de flecha e atingir a velocidade máxima de um pensamento em declínio. Já não sinto, algo se quebrou na corrente nervosa, nesta ligação cósmica que nos permite medir o tempo sem relógios, sentir o vento sem refúgios, saborear a chuva sem ter boca, algo se partiu, e o silêncio invadiu cada canto desta sala. Já não escrevo, já não falo e já não digo porque sei que serei incompreendido porque quem lê, quem escuta e quem fala. Toquei o fundo, num som surdo, absurdo, que o vácuo não propaga, que o corpo paga com a própria vida, desfaleço, e evaporo-me como éter no espaço inodoro.

António Almas   15

Inflexões

Não, não possuo as certezas que me permitam seguir no cruzamento das linhas que conduzem a vida a vários destinos. Não, não sou dono do meu corpo, do meu pensar, do meu desejo ,sequer do meu sonhar. Sou parte de uma corrente, por mais que tente quebrar elos, ela vence, arrastando-me o corpo no sentido descendente deste rio cheio de gente. Por vezes parece que comando este barco, que o levo para onde quero e faço com ele o que me apetece, mas é uma falsa ilusão de poder, uma sensação em que parece que tudo acontece por eu querer, não é verdade! Sou um ser animado pelas cordas que me suspendem os braços, pelos fios manipulados por forças maiores que me conduzem e me levam para lugares que não conheço, estou preso à minha própria concepção, sou o fruto de uma árvore que não vai a lado nenhum, apenas fica e morre de pé!

António Almas   16

Inflexões

Se eu pudesse rasgava o vento, destruía todo e qualquer lamento, dilacerava cada grito na ponta afilada da minha espada. Estou cansado, cansado de ver passar o tempo, de esperar pelo que não vem, de sentir este vento frio mortificar-me a pele que envelhece a ritmos cada vez mais perenes. Se eu pudesse, começava do zero um novo mundo, pintava um novo céu e criava um novo chão, o mar seria um domínio tépido onde apenas as criaturas pudessem mergulhar. É ilógico querer trespassar as ténues barreiras entre universos, porque mudar seria estar noutro lugar, mas querer o mesmo, não o tendo. Por isso deixo ficar o meu lamento, prescrito no silêncio que me encerra, porque enquanto escrevo não falo, e quando falo não sei dizer o que escrevo.

Inflexões

Perder-me-à o tempo quando eu me esquecer de o acompanhar? Duvido que se lembre de me recordar quando a minha voz se calar e as minhas palavras cessarem. Neste mundo volátil o esquecimento é necessário para libertar espaço na memória dos que não têm tempo para pensar, apenas para seguir com os outros para qualquer lugar. Mas... será que me importo de ser esquecido? Duvido, porque depois de partir não vou voltar ao mesmo lugar, também eu não me lembrarei do caminho para aqui voltar.

António Almas

Inflexões

Por vezes tenho vontade de irromper pela vida, como se quisesse quebrar a inveja, apagar a miséria, reprimir a própria violência. Sei que não é o caminho lutar com as armas que nos atacam. Sei que é destino suportar as cargas que a vida nos deposita nos ombros. Mas, por vezes não resisto a pegar na minha espada, desembainhá-la e cortar a direito por esta selva de gente que não sente nem o aço afiado da lâmina, quanto mais a vergonha da mentira descarada.

Outros dias porém penso, para quê, perder-me na sujidade abjecta duma sociedade putrefacta, porquê preocupar-me em mudar um mundo que sabe de antemão para onde quer ir, deixai-o cair, afinal a perpétua queda é um movimento infinito de quem anseia por chegar ao fim do abismo. Lamentavelmente tudo isto me dói, no corpo, e na alma ainda mais, e as feridas infligidas não serão saradas, e o sangue derrama-se nas angústias aqui declaradas, como guerra aberta contra um inimigo tão vasto que parece indestrutível. Às vezes apetece-me baixar os braços!

António Almas   19

Inflexões

Às vezes pergunto-me porque há momentos em que o vazio é um lugar calmo e tranquilo onde posso meditar, e, por outras, é um espaço incomensurável onde me perco e me sinto sozinho. Gosto do silêncio, é precioso quando preciso olhar para dentro da minha alma, quando quero perceber o Eu, ou, quando quero sentir apenas o momento em que o Universo me abraça. Mas, depois, acontece aquele instante em que o nada me engole, caio em deriva no abismo que não termina, o vácuo é um lugar sem tempo onde o medo invade a alma e deixa o corpo que se precipita para o drama encenado da escuridão.

Esta ambiguidade, quebra o equilíbrio, a vontade de ser silêncio, de ser meditação de ser apenas e só emoção. Não me escondo, mesmo na plenitude da solidão, encontrada entre muitos, no meio da multidão, vagueio até me encontrar, frente a frente com o reflexo dos meus versos, com a singularidade das palavras que me fluem nas veias, e volto ao silêncio apetecido, à vontade de estar em mim, de me fazer auto da peça que enceno,

Inflexões

senhor dos personagens que crio, é nesse momento que te invento.

Nesta nova era, tenho dificuldade em sentir, nas gentes que compartilham comigo o espaço deste imenso globo, a sensibilidade da essência. Parece que a alma se lhes dissipou nos corpos, que os sonhos são apenas coisas que podemos comprar no dia seguinte numa loja qualquer, que a ambição é ser individualista e ser melhor que o vizinho, que o colega, que o amigo. O afastamento da natureza torna o Homem um ser fechado, isolado num mundo que perde a cada dia valores fundamentais como a amizade, o dar sem receber, a partilha de sentimentos e emoções. Há cada vez menos almas, que transcendem os sentidos do corpo e são capazes de olhar mais além e intuir, escutar as mensagens que pairam no ar, ouvir os pensamentos, adivinhar antes, a necessidade do próximo e estender-lhe a mão. Para onde caminhamos? Para o isolamento? Embora vivamos cada vez em comunidades maiores, somos cada vez mais uma ilha, rodeada de vazio, porque a ambição

António Almas   21

Inflexões

desmedida da materialização das nossas vontades, do consumismo não deixa espaço à amizade sincera e desinteressada, provocando um vácuo, que nos suga a alma e nos destrói a intuição. Perdemos o contacto com a mãe natureza, e, qualquer dia, já não saberemos voltar a casa, porque teremos já destruído tudo à nossa volta.

Na tentativa de conseguir um equilíbrio entre o corpo e a alma, deixo que esta última pouse por momentos dentro do seu abrigo. Esta dicotomia, entre o etéreo e o físico, leva-me a encontrar várias personagens do mesmo eu. Afinal o ser humano é uma peça de teatro, onde o encenador, coordena todas as personagens, corrige os textos e reformula os diálogos a cada instante. Nesta obra em plena evolução sou tantas vezes cenário, ou vítima da minha própria encenação. As luzes da ribalta ofuscam a percepção do público que assiste, o personagem progride sobre o palco sem conhecer o abismo onde pode, por instantes, ficar dependurado. Os silêncios permitem a inspiração, consigo perceber ao de leve o bater dos corações, palpitações que se propagam

Inflexões

pela atmosfera deste pequeno teatro onde minha alma habita. Há espectadores indiferentes, outros tão diferentes, sentem com frequência qualquer alteração do texto, um engano do actor, uma improvisação do personagem, é nesses que me centro, é com eles que reparto o meu lamento. No acto final, desce a tristeza, suspensa por cordas invisível, pairando no ar, como que adivinhando que a cortina vai descer e o espectáculo terminar. Num choro brando solta lágrimas em pranto e o público parte, deixando um vazio imenso neste corpo.

Inflexões

Para onde caminhamos neste destino incerto? Será que atingimos o limiar das nossas capacidades e começamos aos poucos a perder o controlo sobre a nossa ambição? Onde deixamos a relação com a natureza, aquela humanidade que nos caracterizou? Estarão os nossos filhos preparados para receber a pesada herança que um consumismo exacerbado lhes vai deixar? Serão eternos dependentes?

Há muitas questões que se nos colocam no actual caminho da sociedade. Vejo hoje perdidos muitos dos laços que nos uniam a um passado, a uma tradição de respeito e veneração pelo sábio conhecimentos dos nossos ancestrais. Hoje tudo é volátil, a família, as relações de amizade, os empregos, tudo pode não ser amanhã aquilo que vemos hoje. Para onde corre este rio de águas alvoraçadas, que ao passar desgasta as margens e arrasta consigo tudo o que encontra pela frente. Não haverá limites nesta corrente que nos últimos 20 anos tem vindo a varrer o planeta, numa escalada da ambição em que tudo vale para atingir um objectivo.

António Almas   24

Inflexões

A mentira e a perfídia são actualmente valores comuns em qualquer humano que se preze, ninguém mais se preocupa se está a prejudicar o outro desde que isso o beneficie a si mesmo. Teremos atingido o estado de evolução tal que só nos resta regredir através de uma autodestruição dos valores, da moral e dos bons costumes, acabado por regressarmos ao início dos tempos, em que vivíamos num estado selvagem de consciência? Não sei para onde vamos, mas sei que vamos na direcção errada.

António Almas   25

Inflexões

Sinto perplexidade ao olhar para a quantidade de coisas que vou absorvendo. Quanto mais interessante é o assunto, mais aprendo sobre ele, uma expansão exponencial que me deixa por vezes à beira dos limites de armazenamento, mas, depois, parece que o cérebro se expande, que um novo espaço se abre e tudo flui nessa direcção. Pergunto-me muitas vezes se o processo de aprendizagem não exige que esforcemos a mente ao limite para que esta seja forçada a abrir-nos novos caminhos.

A nossa mente é um espaço subaproveitado, que guarda conhecimentos e capacidades inexploradas. Tantas vezes ambicionamos saber o que está para lá do horizonte que a nossa vista alcança, e, no entanto só conhecemos uma terça parte da nossa mente. Há em nós um universo imenso por explorar, deveríamos olhar mais para dentro de nós, sob pena de termos vivido dentro de um estranho.

Inflexões

Por vezes creio ter enlouquecido ao ouvir determinados relatos de atitudes perpetradas por seres que se dizem humanos. Será a palavra humanidade ainda extensível a todos aqueles que caminham sobre os próprios pés e se dizem inteligentes. Fico surpreso com comportamentos indignos até de animais, que sabe-se hoje, cuidam e se preocupam com os seus descendentes, que em alguns casos choram e lamentam os seus mortos.

Teremos perdido a noção de bem e de mal? Do que é correcto e incorrecto? Deixámos de temer não só os homens e as suas leis, mas também o Criador? Juro-vos que não entendo como é possível a ambição e a ganância levarem o Homem ao extremo da brutalidade, da frieza e do calculismo. Não podemos, com a justificação do nosso individualismos, bem-estar e conforto, passar por cima da verdade, da justiça e dos direitos dos outros, que por serem mais fracos ou oprimidos, não dispõem dos meios para enfrentar tais batalhas.

Por este caminho, avançamos a passos largos para a

solidão, para um vazio emocional que nos levará ao extremo de uma morte solitária e deprimente.

Inflexões

Vêm do princípio dos tempos e estão dispersos por toda a parte, são sinais, memórias quase esquecidas do que já fomos outrora. Estamos a perder aos poucos a ligação com o passado, deixamos para trás a conexão que sempre existiu entre o Homem e a Natureza. Não percebemos as marcas que vão ficando ao longo do nosso caminho, da nossa existência. Usamos e abusamos dos recursos que deveriam servir para garantir a nossa presença como guardiões do paraíso. Estaremos prestes a morder a maçã proibida?

Inflexões

Há uma mensagem que todos os dias nos é recordada nos diversos meios de comunicação, as catástrofes que perseguem a humanidade, são alertas da Mãe Natureza para os filhos distraídos que teimas em olhar mais para os próprios umbigos que para a subsistência da sua própria espécie. Esquecemos, ou chamamos-lhes teorias, aos avisos deixados pelas antigas civilizações, é história, é passado, e esquecemo-nos particularmente que o conhecimento que detemos é fruto dum acumular de conhecimentos que remonta ao passado e não ao futuro que almejamos controlar e adivinhar.

Cuidado! Porque o futuro pode estar já ao virar da esquina, e com ele trazer a surpresa do fim do paraíso, e, nessa altura, seremos expulsos, e tudo voltará ao início.

António Almas

Inflexões

A nossa alma procura constantemente as ligações cósmicas que lhe permitem aglutinar-se numa só energia. Ela reconhece os padrões idênticos ao seu, atrai-os e comunica-se criando laços fortes que nos tornam próximos de outros. Este espaço imenso em que a energia flui como rios lentos de águas mornas, é a absorvência dos sentidos, a necessidade implícita em nós de estarmos unidos. Este éter é um oceano imenso, onde cada um é apenas uma gota de água que se aglutina com as suas almas gémeas, cuja densidade de sentidos é igualmente intensa e sentida. Não existe em nós apenas uma ligação, nem física, nem espiritual, estes fios soltos que se vão agarrando à medida que passamos pelos sentidos de outros, são parte de um emaranhado de emoções que se reflectem no quotidiano de um corpo celeste feito de luz, que habita um corpo, apenas e só para poder materializar-se e fazer-se visível no espaço físico deste mundo.

Inflexões

A propósito da palavra, diria que esta é uma caixa onde guardamos sentidos, vontades e desejos. A palavra é oca quando não a preenchemos com o contexto que queremos, porque não sabemos, ou simplesmente porque não entendemos. Esta caixa vazia é selada e enviada em textos, em fantasias, em cartas, em lamentos, desembrulhados depois, sentidos ou simplesmente derramados por quem lê. Há tanto que se pode guardar em pequenas caixas, há tanto por descobrir em cada uma destas prendas que diariamente oferecemos. É preciso saber preencher esses vazios, encher de contextos os nossos textos, as nossas conversas. Perceber cada detalhe desse pequeno embrulho que é uma palavra escrita, dita, ou tão simplesmente sentida.

Inflexões

Neste mundo de palavras vãs, que importante é o detalhe que colocamos nas que usamos, a forma como nos exprimimos nesta era da comunicação, da globalização. Dar-lhes vida, retirá-las da monotonia de curtos discursos, ou do sofismo de longos argumentos políticos que apenas são engodos num mundo de gente que já não se ouve. Meus amigos, enfeitem as vossas palavras, vistam-nas de ternura, de sentido, de vontade, preencham essas caixas ocas, para que se acabe de uma só vez com o vazio, e possamos praticar aquilo que pregamos.

"No princípio era o Verbo [...]", João 1,1

Inflexões

Acontece-me desligar-me do mundo, ficar de olhos pregados no infinito, com a mente a vaguear pelo espaço vazio. Questiono-me para onde parto nesses momentos, porque deixo o corpo inerte, e apago todos os pensamentos? Não sei, há coisas em mim que não compreendo, que não entendo como acontecem e porque se desvanecem no minuto seguinte. Esta permanente necessidade de me abstrair do mundo real, pode representar a minha vontade de aqui não estar, de não achar que este seja meu lugar, ou, simplesmente de me parecer que não encaixo no momento específico em que me ausento. O facto é que notam que não estou, quando era mais jovem ninguém se apercebia destas fugas, mas agora, chamam-me e perguntam-me para onde fui, disfarço e respondo dizendo que estava a pensar, mas não estava sequer aqui, quanto mais a cogitar.

António Almas

Inflexões

Por este motivo procuro espaços vazios, de gentes e de acontecimentos, onde ninguém me encontre imóvel, com olhar vidrado no horizonte, assim não terei de inventar qualquer desculpa para dar. Estas ausências mostram-me caminhos, lugares que faço depois reflectir nos pensamentos organizados da minha escrita, como se quisesse desenhá-los para que outros como eu pudessem comigo visitá-los. Parece uma contradição, querer estar só no meio da multidão.

Inflexões

É possível estar a passar por uma época de retracção no caminhar do quotidiano. Provavelmente sinto-me a andar cada vez mais devagar em direcção ao objectivo primordial do meu destino. Pergunto-me se será dos anos que o corpo tem, ou do ambiente de desencanto que paira no ar? Uma atmosfera de mistério e magia sempre foi o ar que gostei de respirar, aquele nevoeiro que abraça o corpo e faz com que os sons pareçam ocos é a envolvência onde gosto de me movimentar. No entanto parece-me que as rajadas de tormentas que circundam o meu mundo têm dissipado esse clima especial que me permite transcender o corpo e seguir a alma nas viagens mais alucinantes que possamos imaginar.

Costumava ser como os segundos, correr rápido de letra em letra, saltar de palavra em palavra, pendurar-me das frases e deixar-me cair em textos macios, mas começo a aperceber-me que tudo em redor está mais estéril, que o mundo está a mudar, o clima está diferente e talvez seja momento de parar, deixar-me ficar a ouvir apenas os

Inflexões

pássaros cantar. Sempre que nos damos, seja em versos ou em prosas, há um pedaço de nós que parte, para nunca mais voltar, provavelmente, fiquei meio vazio, oco como o som no meio dum dia de nevoeiro.

Inflexões

Não é fácil viver com a incerteza. A incerteza de que somos capazes, a incerteza de que somos queridos, a incerteza de que somos importantes para alguém. Entendo a forma como nos afogamos nesta palavra. Como deixamos que ela nos domine o quotidiano e nos puxe, cada vez mais para este buraco onde cada dúvida se transforma numa incerteza cada vez mais angustiante. Como podemos escapar a este dilema? Como podemos reagir a esta dúvida, levantando-a definitivamente, tornando-a uma certeza? Estas questões só podem ser respondidas com a ausência de frequentes análises do que representamos para os outros, preocupando-nos sim com aquilo que os outros representam para nós e quão importantes são na nossa vida. Ser capaz de partilhar os dias com aqueles que são importantes para nós sem os questionar sobre o que eles pensam de nós é a forma mais fácil de vencermos essa incerteza. Os sentimentos não deviam medir-se,

Inflexões

deviam apenas sentir-se, mas a nossa humanidade faz com que até nessa matéria tenha de existir uma dimensão, que por vezes nos leva ao vazio e à desilusão, porque nos parece sempre que os outros não são recíprocos connosco.

Vamos libertar-nos da quantificação e entregarmo-nos à sensação.

Inflexões

Nas minhas viagens à compreensão humana, tenho visitado mundos diversos, gente que se perde do caminho, que se esquece dos sentidos, gente que não sabe onde quer chegar, outros que querem apenas voltar. Muitas noites me questiono sobre o que faço, o que digo e o que escrevo. Que linhas lhes deixo impressas na alma, que portas lhes abro, ou, que sentidos lhes ofereço. Procuro também entender o que recebo, como amadureço nesta caminhada entre tanta gente que me oferece um pouco de si. Aprendo, entendo, mas nem sempre compreendo a finalidade destas viagens, destes cruzamentos que atravessam obliquamente vidas. Sei que sou um ser humano comum, embora tantas vezes me levem a pensar o contrário, limito-me a libertar os sentidos, a embrulhar as palavras em papéis bonitos e a oferecê-las como prendas a quem passa. Sei que não sou nada mais que um grão de areia, uma gota de chuva, ou, uma folha seca que se desprende da árvore da vida e esvoaça nas asas da brisa.

António Almas   40

Inflexões

Entrego-me à filosofia das horas que no seu compasso certo me levam para lá da realidade, do momento em que o corpo se prende à terra, mas o pensamento voa. Precisar do silêncio ou criá-lo no meio do ruído para poder escutar a voz da alma é uma necessidade de quem se entrega ao pensamento, à intuição dos sentidos que dispersos no espaço passam desapercebidos. A volatilidade das emoções é gritante, quando aquilo que nos deixa loucos de alegria, já é banal no momento que nos seguia. Quando a tristeza é apenas dos outros, e nos passa ao lado sem partilha, sem alívio, porque não é nossa cruz e cada um que carregue a sua, faz de nós chamas que se apagam quando o combustível da emoção acaba. Triste fado este, de ser tão breve quanto o segundo, triste desgraça a nossa que comparada com a de outros é mais profunda. Como chegamos ao limite de todos os limites, ao fim de uma estrada que não vai a lado nenhum? Chegamos lá porque perdemos o rumo, porque esquecemos o preceito de que não somos um, somos muitos e devemos funcionar como uma onda, que

António Almas   41

se levanta em conjunto, porque todos precisamos de todos, e quando menos se espera, um outro braço a aliviar o peso desta vida, já são muitos, e muitos fazemos de novo o mundo.

Inflexões

Será importante errar? Devemos evitar o erro e assim contornar as suas consequências? Olhando para trás vejo que muitos dos erros que cometi ensinaram-me novos caminhos. Muitos dos erros que cometi, levaram-me a descobrir novos destinos. Se olhar à minha volta, constato que algumas das invenções da ciência, senão a própria ciência, são resultados de erros, e de tentativas fracassadas sucessivamente até finalmente se tornarem numa bem-sucedida solução. Mas devemos viver erraticamente? Desordenadamente? Por tentativas, até acertarmos no rumo a tomar? Eis verdadeiramente o cerne da questão, errar o não, permitir-se falhar para encontrar uma nova forma de acertar. Seremos nós obra do acaso ou da razão?

Inflexões

Sinto a necessidade incontrolável de falar, não porque pretenda debitar palavras mas porque é necessário dizer tantas coisas, explicar tantas vontades e tantos pensamentos que não entendo. Explica-me, diz-me porque reajo ao contrário do que quero quando sou pressionado? Diz-me porque aceito sempre desempenhar este papel de indeciso, de bandeira que se agita ao sabor do vento, sabendo bem que não quero, deixo-me ir neste tormento. Ajuda-me, a não errar constantemente nas minhas decisões, a ser humilde, mas também intransigente quando não quero percorrer os caminhos que me oferecem para trilhar. Sabes, às vezes apetece-me desistir, deixar de ser quem sou, mas nem isso consigo fazer!

Inflexões

Direi um dia, que a sombra da minha árvore abrigou todos os espíritos que nela quiseram descansar. Nessa altura, as minhas folhas perenes serão caducas e toda a folhagem despir-me-à, deixando o vento abraçar meu tronco nu. Já não darei sombra, mas oferecerei um pouso seguro aos pássaros migratórios que continuam a peregrinação ao santuário formado pelos meus braços. No chão, outras pequenas árvores despontarão, reflexos adormecidos da minha essência, filhos que se libertaram do meu corpo e aguardaram pelo momento em que o Sol os encontrou a meus pés. Agora sei que parti, deixando ficar para trás o legado dos meus versos, meus mais secretos instintos e a sombra tão desejada pelos meus espíritos. Outros virão, consumirão o meu corpo, beberão o meu sangue e renovarão o ciclo da luz e da sombra. Outros depois destes serão predecessores de mim, lembrar-me-ão porque deles nunca me esqueci.

Inflexões

Enquanto não durmo deixo o silêncio preencher o espaço dos sonhos, quero que ele me invada, que me permita ser a escada que sobe até ao Criador. Deixo o meu pensamento falar, deixo que ele me leve para o Teu lugar, quero sentar-me à Tua direita e deixar-me ficar. Escuta-me, ouve as minhas preces, sei que me atendes, que não me repreendes, Tu, só Tu, sabes porque estou aqui, porque vivo desta forma, porque penso e sinto desta maneira, afinal sou fruto da Tua criação, sou filho dos Teus desígnios, sou frase do Teu texto, sopro dos Teus ventos. Por tudo isto Pai, quero conversar contigo.

Inflexões

Depois de trilhar os caminhos sagrados da minha alma, de descobrir neles a força, mas também a mágoa, deixei o corpo remar para outro lugar. Vazia, a existência sentia a plena consciência de não precisar mais de ser quem era. Nesse momento soube onde estava, por onde andavam as minhas palavras e quais os sentidos que dera à minha vida. Hoje sei, que num lugar secreto existe uma porta, um acesso, que me permite chegar a qualquer lugar. Esse portal é como uma parede vazia, sem quadros pendurados, sem adornos nem cortinados. São tijolos que se dissolvem e por onde passo para outros lugares, outros universos. Hoje não sou profano, nem santo, não sou anjo nem vento, apenas aquele mistério feito de letras que se esvai por entre as frestas deste muro. Por isso sou Noite, sou escuro, mas também luz e brilho, um contraste entre o dia e a noite, um momento entre dois segundos do teu tempo.

António Almas

Inflexões

Não sei porque há dias em que a vontade se esvai como sangue por ferida aberta, não entendo porque me calo e fico sem força para fazer mexer os lábios. Vivo duas vidas, a que não digo e sinto e, a que falo e grito. Nesta dicotomia, os dias parecem confusos, cheios de nuvens e inflexões que provocam tumultos. Perco as forças, embora seja uma muralha enorme que aos olhos dos de fora aguenta até as vagas do mar do norte. Soçobro na minha frágil existência interna, choro sem lágrimas que escorram pela face, calo e tento aguentar a pressão que no interior se faz vulcão. Não sei quanto mais tempo sou capaz de me suster de pé, não sei quanto mais vai durar a minha fragilidade antes de se estilhaçar. Enquanto isso, calo-me quando não devo e falo quando devia estar calado.

António Almas

Inflexões

Ultimamente, não sei se por começar a ficar velho, se porque estou apenas a ficar maduro, venho-me questionando se me estarei a tornar intransigente, prepotente e com manias de autoritarismo. Será que começo a sofrer daquele péssimo hábito do "Eu é que sei!"? É grave se isso me estiver a acontecer! Em muitas conversas, debates e opiniões dou comigo a fazer de "profeta da desgraça", bem eu sei que sou tendencialmente pessimista, mas olhar o futuro com tenebrosos pensamentos de fim de mundo nunca foi muito o meu estilo.

Este será um ciclo pelo qual todos, à medida que vamos crescendo nos anos, temos de passar? Ou será de facto que o que aí vem não augura bons ventos, que a forma leve e descomplicada com que muitos de nós encaram o futuro é o prenúncio duma sociedade em completa desestruturação. Gostaria que ninguém me desse razão, o que por vezes não acontece, e que efectivamente estivesse apenas a padecer de um síndrome habitual a homens de meia-idade.

António Almas 49

Inflexões

Há algo de secreto no pensamento, algo muito nosso, que só nós sabemos. Nesta intimidade que habitamos, somos um mundo novo, onde cada ideia parece ser uma nova esperança. Onde cada tristeza tem a força de um desalento. Mas este mundo, encerrado cá dentro, é um lugar de mistério. Enquanto ser humano não sabemos muito bem localizá-lo, sabemos que acontece algures no centro deste corpo, mas não entendemos se está no cérebro, ou no coração, pode até estar na ponta das mãos. Escutamos o eco, sentimos como cada momento dentro desse mundo se reflecte na pele, cá fora, onde todos olham a expressão de contentamento, ou, a desilusão duma lágrima que rola. Sabemos que este lugar interior, esteja ele escondido onde estiver, irradia a sua força, através do nosso físico, influenciando a interacção que temos com os outros. Não vejamos apenas o nosso eu como essa fina barreira que nos separa do ar que se respira, vejamo-nos também como essa força que nos anima.

António Almas   50

Inflexões

Por estes dias o mundo viaja já a uma velocidade imparável. Nas últimas duas décadas perderam-se coisas tão simples como o convívio entre vizinhos, os almoços em família a horas certas, ou os serões em conjunto, em que todos partilhavam o mesmo espaço, em que o rádio, a televisão, ou os jogos de sociedade eram motivo de união. Hoje, à velocidade que vamos, não nos apercebemos da solidão a que nos votamos. A disseminação de televisões por cada compartimento da casa, as consolas nos quartos e os computadores, um para cada utilizador, afastaram o centro gravitacional da união familiar, do centro da sala para os arredores dos quartos onde supostamente só deveríamos ir dormir. A juntar a este facto, temos mais que um carro, mais que um telefone, ou seja, temos mais de tudo, mas muito menos tempo para estar com aqueles que amamos.

Pergunto-me se efectivamente estamos a progredir para uma nova etapa civilizacional, ou, se por outro lado, descobrimos a forma de nos perdermos na solidão de um quarto, se deixamos de ouvir as histórias e os

Inflexões

conselhos dos mais velhos que foram garante de milhares de anos de civilização humana.

Inflexões

No passado os filhos procuravam assemelhar-se aos pais, queriam ter os seus ofícios, herdar os seus negócios e aprender as suas qualidades. Formaram-se ao longo dos anos famílias de ferreiros, de banqueiros, comércios que perduraram séculos, permitindo que pais e filhos progredissem e se tornassem abastados. Nos tempos que correm os pais querem que os seus filhos tenham um futuro melhor enviando-os para se formarem, não existe hoje um pai que deseje para o seu filho uma profissão de operário, temos todos tendência para achar que se forem licenciados terão vidas melhores. Perdeu-se a transmissão do conhecimento entre pais e filhos, acabaram-se com profissões que existiram durante gerações, perderam-se tradições seculares, empregos que jamais vamos recuperar. Em detrimento de tudo isto temos hoje jovens licenciados no desemprego e importamos de países que chamamos do terceiro mundo tudo aquilo que já não sabemos fazer.

António Almas   53

Inflexões

Há questões que me preenchem de dúvidas. Estarei eu desajustado da realidade, serei "anormal" face ao padrão previamente estabelecido? Não entendo como resisto neste mar de incongruências em que tudo parecem ser falsas poses, interesses construídos em alicerces de barro. Pergunto-me, porque não me misturo, porque não me deixo embalar na conversa fútil e me deixo ser simpaticamente sorridente como os outros. Não entendo porque sempre estou mais além, pensando nas consequências dos actos que ainda não foram praticados. Por tudo isto questiono-me se estarei no lugar certo, no tempo correcto, ou, se por caso me perdi nos túneis do tempo e vim desembocar numa realidade que não é a minha.

Gostaria de me encontrar, quiçá num outro lugar, onde à luz duma nova sociedade, o meu ar fosse mais normal, o meu semblante menos cansado e pesaroso, onde viver fosse tão simplesmente, um gozo.

António Almas   54

Inflexões

Há nas caminhadas difíceis um cansaço acumulado que por vezes nos faz tremer as pernas, querer abandonar o corpo na beira dum caminho qualquer. Mas, há também nas dificuldades a tentativa de superar-se a si próprio, de acreditar que haverá a força necessária para ultrapassar mais uma curva, seguir mais uma recta até atingir os objectivos. Nestes tempos de contracção devemos agarrar-nos à nossa humildade, pensar que é no âmago que guardamos a essência do que somos, que é nela que reside a força de que necessitamos para puder ir mais além.

Não é fácil acreditar no fim do caminho quando o que vemos é um horizonte sem destino algum, mas todo o ciclo tem o seu contraciclo, e quando estamos desesperadamente mergulhados no fundo só existe um sentido, vir à superfície.

Inflexões

É infindável o fluxo de questões que assolam o quotidiano, cada vez mais nos questionamos, cada vez menos estamos certos dos caminhos trilhados, das estradas que se nos apresentam em direcção ao futuro. Devemos parar e meditar, sentir o nosso passado como livro pleno de conhecimento, procurar no nosso presente as ideias que nos aportem sinais de que caminhos encetar no futuro próximo. Não há nada pior para um marinheiro que flutuar à deriva de um barco que não tem destino.

Aproveitemos as pausas para delinear os alicerces dos novos tempos, aproveitemos a brisa desfavorável para mudar de rumos, para quê remar contra a maré se podemos chegar ao destino por outro caminho. Paremos, meditemos e talvez deixando a pressa passar, consigamos para outro tempo olhar.

António Almas   56

Inflexões

Na ânsia de perceber o infinito deixo-me deambular por ideias e instintos, deixo o corpo questionar a gravidade, e os olhos perguntarem às estrelas os seus segredos. O astro foi e sempre será um espaço mágico, é lá que encontro a tranquilidade dos dias, quando a Noite é plena de estrelas e os planetas cruzam o céu escuro para me visitarem. Ali vem Marte, alaranjado, a poente, pouco acima do horizonte. Vénus, sempre intenso logo ao cair da tarde começa a acenar-me. Júpiter, mais distante, aparece do lado nascente, ele é o deus dos céus, imenso, por pouco não foi estrela para disputar o brilho do Sol. Vejo-me aqui, neste planeta azul, qual grão de areia, fragmento de pó duma estrela qualquer, viajante do cosmos nos sonhos de menino que gosta de se inventar dono do seu próprio destino.

Inflexões

A vida oferece-nos escolhas, caminhos e opções. Constantemente somos chamados a decidir, a escolher que caminho queremos percorrer. Por vezes a corrente da vida puxa-nos para escolhas que não fazemos, outras optamos e arrependemos por termos seguido erradamente para um determinado destino. Mas, o importante na tomada duma decisão não é tanto o caminho que percorremos depois de o escolhermos, mas, se temos fé, confiança e acreditamos na decisão tomada, pois só assim acreditamos nos passos que vamos dar, podendo até, mudar o destino sem ter de mudar o nosso próprio caminho. Há escolhas ilógicas que não são menos boas que aquelas que são ponderadas e esquematizadas, por isso, na hora de escolher não sejamos unicamente racionais, sejamos também, e acima de tudo, sensitivos, deixemos fluir os nossos instintos, pois eles estão intrinsecamente ligados à nossa alma, à nossa fé, muito antes de existirmos até.

António Almas 58

Inflexões

Hoje venho aqui despedir-me das letras, dizer adeus às palavras, desistir de juntá-las em textos. Há uma conjugação cósmica que me impele a organizar pequenas galáxias de frases, mas, em certos momentos, eventos catastróficos destroem a matéria, baralham as forças e consomem as energias. Nessas alturas condenso-me numa ínfima partícula que é o aglutinar de todas as letras, um pequeno átomo literário que comporta um universo de livros por escrever. Nessa contracção fecho a luz, desligo as mãos e deixo de ouvir, de sentir, apenas hiberno no escuro, por entre as páginas amontoadas.

Um dia, o ciclo renovar-se-á, uma imensa explosão acenderá as luzes de um outro universo, as letras soltar-se-ão como estrelas, as frases serão anéis em redor de planetas e os textos voarão como pássaros livres no céu azul-turquesa de um novo mundo de sonhos, nesse dia, serei a brisa que lhe afagará as asas.

Inflexões

É preciso tomar consciência das metas, dos momentos que definimos como caminhos para chegar mais próximo dos céus, saber quem somos revela-se fundamental no instante em que temos de seguir para um lugar. A dimensão da alma extravasa vezes sem conta os limites físicos do corpo que a comporta, ser capaz de se acomodar dentro deste invólucro é ter de dividir-se por diversas dimensões, fraccionando-se em mil pedaços, pequenos estilhaços que dispersamos nas atmosferas de outros tantos mundos. Esta diversidade faz de nós seres multifacetados, eclécticos, que tanto se envolvem no mar, como seguem as pegadas na terra ou se alçam no ar como aves renascidas do pó das estrelas.

Há em toda esta flexibilidade um preço a pagar, por vezes perdemos a noção do espaço, do lugar, das motivações, não sabendo mais onde pertencemos efectivamente.

Inflexões

Pelo infinito momento em que entrego a mente à brisa do vento, deixo fluir a energia que me transporta muito para lá da realidade que cerca o corpo por todos os lados. É preciso um toque de abstracção para poder sentir a vontade de se reinventar. Há uma premente necessidade de evasão que me persegue no dia-a-dia. Sem ela seria apenas mais um, mas sinto que esse chamamento ancestral está incrustado na espiral dos meus genes. Esqueço-me do tempo, deambulando através dos sentidos numa viagem virtual para outros mundos, governados por outras leis, onde a vida é feita de pequenos detalhes e a beleza se dissipa no toque das almas.

Um dia não quero voltar, quero apenas ficar, deixar-me estar, nesse lugar, onde a magia é a capacidade de inventar o momento seguinte.

Inflexões

Não há um meu, um teu, há apenas um nosso, aquele pedaço de essência que nos faz tão iguais a nós próprios, como aos outros todos que connosco caminham. Não possuímos o que não criamos, e ainda assim, criar não é apenas dar vida, mas cuidar. Seremos de quem? Seremos nossos, ou de outros? A vida não se resume a posses, é feita de mil coisas diversas, algumas delas dispersas pelo caminho. Tantas vezes nos cruzamos com elas e não reparamos, deixamos escapar o momento e não sentimos como devíamos aquele instante belo, a plenitude de ser apenas, a ausência do peso que é deter algo. Seria tão mais fácil não ter nada, ser apenas vento, livre como a madrugada. Tão mais fácil brilharia o Sol se não fosse a constância de termos de seguir para um lado qualquer à hora "x", de estarmos num determinado local porque alguém nos espera. Como seria tão mais fácil viver sem nada, na deriva do pensamento, na vontade de ser apenas a brisa que passa.

António Almas
62

Inflexões

Até onde podemos ir na constante busca do nosso EU completo. Será que devemos quebrar as regras e ser o que queremos ser sem olhar a tabús, ou imposições sociais? É um facto que muitos de nós conseguem seguir os trilhos que desejam, mas há no Homem enquanto ser uma premente necessidade de mais, falta sempre algo para completar o que adquirimos. Este equilíbrio necessário à sanidade, consegue-se mantendo a equidistância entre os sonhos do que desejamos e as realidades que temos de viver. Saber caminhar verticalmente é jogar com essas forças, é deixar o corpo seguir por vezes do lado errado da estrada, sabendo que nela não passam carros a essa hora, para depois voltar ao trilho necessário para manter a máquina a funcionar.

Inflexões

Muitas vezes perco-me no pensamento, tentando perceber a dimensão da vida, do Universo. Questiono-me sobre tudo aquilo que não entendo, tento encontrar respostas e percebo que não encontrarei muitas. Ainda assim não paro de pensar, de tentar entender a vastidão de sentimentos, emoções, reacções do ser humano. Sei que por estes dias consumimos a vida à velocidade da luz, nada se faz com o tempo necessário a amadurecer os frutos, até o que comemos é produzido em tempos recordes, será que por isso também temos dificuldade em manter relações duradouras? Estamos tão viciados na imagem, no mundo da visão que ficamos ofuscados com qualquer embalagem perdendo já a noção de conteúdo. Pode que um dia recuperemos a capacidade de nos olharmos com outros olhos, os olhos da alma, da humanidade, da fraternidade, só assim podemos recuperar muitas das respostas que hoje encontramos perdidas em tantas questões.

António Almas

Inflexões

Hoje não me apetece questionar o inquestionável, lamentar o lamentável, apenas quero inflectir no mais ínfimo momento do meu sentir. Quero libertar-me de conceitos, regras e definições, quero ser os meus próprios sermões, monólogos que dito, que escrevo, no vazio incomensurável duma alma que aguarda por ser inundada. Hoje quero ser eu próprio, vestido de outro corpo, quero reescrever o caminho, inventar o céu, criar o meu domínio onde quero ser senhor, onde quero apaziguar a minha dor, exercer a magia que aprendi, ser escravo do meu vício, amante apaixonado ou trovador desencantado. Estou cansado de restrições, falsas convenções e ironias de destinos controlados por idiotas encapuçados, que não entendem o que é ser alma e para eles todos nós somos apenas gente, que não sente. Hoje sou eu mesmo, magnificamente só!

António Almas

Inflexões

Saber o lugar onde o mundo real toca a fronteira da nossa espiritualidade, é ter noção que não pertencemos apenas a uma dimensão. Sabemos que essa fina camada de ar que divide esses mundos da nossa realidade é ténue cortina que separa tangencialmente os lugares onde sonhamos, dos lugares onde habitamos. Circulamos entre estes espaços, umas vezes despertos e conscientes, outras vezes desacordados. Somos seres diferentes, personagens que se regem por outros guiões, onde a matéria dos sentidos, das emoções é muito mais que uma peça do jogo que nos leva a ganhar sobre o adversário, é a partilha efectiva de nós com todos os outros, numa harmonia de indivíduos que se ligam aos sentidos através do prazer de senti-los, e não apenas porque é preciso. Esta dualidade não nos cria mais que uma personalidade, um perfil, em cada um dos mundos, mas seguramente são perfis antagónicos, perfeitos opostos que não se atraem, mas também não se traem nas verdadeiras convicções. Por isso muitas vezes no mundo real, façamos do silêncio o nosso escudo e

António Almas   66

Inflexões

ambicionemos a Noite como companheira para a derradeira fuga para outras dimensões.

Inflexões

Era tão simples esquecer-se simplesmente das regras, deixar ao "Deus dará" os desígnios da vida, seria provavelmente a forma mais fácil de passar pelo quotidiano sem sair molestado por este ou aquele acontecimento, esta ou aquela atitude. No entanto, parece que habita em mim a "praga" de fazer reparos, chamar à atenção, corrigir este ou aquele acto, esta ou aquela situação. Tantas são as vezes que fico zangado comigo mesmo por ter esta forma de ser, de pensar, de actuar. Esta inevitabilidade para a obliteração do erro torna-me uma pessoa complicada, complexada, desagregada do estado social actual. Sobreviver nesta estrutura social em que as regras, particularmente as de boa índole e de bons costumes são cada vez mais ignoradas em detrimento do alter ego, do EU como centro do universo, torna-se uma missão quase impossível. Acredito que em algum ponto adiante no caminho uma viragem reverterá os actos suicidas duma sociedade que a cada dia parece mais desorientada. Creio que haverá um tempo em que o ciclo se inverterá,

Inflexões

os vendilhões serão expulsos do Templo e poderemos regressar, para orar.

Inflexões

Quando menos espero surge um nevoeiro que envolve o meu corpo, tolha os sentidos e me deixa perdido nos pensamentos. Não entendo porque do nada tudo surge, e depois nada mais é, nada mais urge, acaba e desaparece como chegou. Há sentidos que não fazem sentido de não ser por serem ocos ou procurarem apenas a superficialidade de o ser. Há questões que não perguntam, chegam e impõem, usam e abusam para depois passarem a ser afirmações de alguém que não ousa ser quem quer ser, e por detrás se esconde daquilo que realmente é. Não entendo a dispersão como a forma de ir mais longe, mas como a necessidade de ser mais ouvido, porque só, é o sentido, porque só, é o corpo que usa a disforme ideia de querer ser o que não consegue. É assim que fico na hesitação de ser aquilo que sou, porque vejo tantos ser o que não são, mas, acabo apenas sendo eu, afastando-me do mau caminho, do descaminho em que por vezes o corpo se quer perder, mas a alma não permite.

António Almas

Inflexões

Qual a sustentabilidade do pensamento, quando a envolvência nos aporta a demência cega de quem vive preso a falsas realidades. Criámos um mundo de facilitismos, em que nada é impossível, em que as barreiras são amovíveis como por artes de magia. Esquecemo-nos de reforçar os alicerces da nossa vida, e, sobre casas modestas construímos arranha-céus de vidro brilhante. Hoje sentimos o peso da nossa ignomínia, percebemos que, provavelmente não podemos fazer tudo aquilo que gostaríamos, que não chegaremos a onde as nossas ilusões nos levariam. Contudo é necessário chamar pelas forças que sempre nos impeliram à luta, acreditar que se formos capazes de descer as escadas com a rapidez com que as subimos podemos ainda encontrar o equilíbrio perdido, a estabilidade que nos permita, mais tranquilamente viver a vida, sem querermos esgotar aquilo que não possuímos.

Inflexões

Falo-vos da minha metamorfose, como facto de transformação, não apenas física, como mental, não apenas social, como espiritual. Transformar-se implica ter consciência do que está errado em nós, no todo que somos, no muito que já fomos e naquilo que pretendemos ser no futuro. Olhar-se e gostar de se ver, respirar-se e sentir-se fresco, pensar-se e ouvir-se na voz do vento, sem roçar o egocêntrico, é sentir-se realizado. Para alcançar este estádio, é preciso usar toda a persistência, ter a certeza de que somos capazes de nos transfigurarmos, ter consciência dos sacrifícios que esta mutação nos vai trazer. Por outro lado, ser lagarta e transformar-se em borboleta é alcançar a capacidade de ir da Terra aos Céus, ganhando asas, aprendendo a voar no infinito momento de libertação que só a metamorfose nos pode dar.

Hoje sou aquilo que sou, sinto o ar equilibrar-me, o vento impulsionar-me e a atmosfera alimentar-me, tenho uma perspectiva diferente do Mundo, vejo o Universo mais próximo de mim.

António Almas   72

Inflexões

Ser um livro, uma folha em constante mutação, ser escrito com emoção, é desígnio que quero ser. A vida é uma estrada, que percorremos, onde descansamos e aprendemos, onde lutamos e definhamos nas curvas apertadas desta caminhada. Mais que ser escritor quero ser escrito, mensagem transparente e lúcida. Quero ser corrente que leva água da nascente, até ao oceano profundo, onde o mergulho dos sentidos, nos azuis-escuros é a inevitabilidade da vida que ressurge do nada, no meio de tanta água. Mas, voltando ao branco da página onde disponho as letras, sou frase inacabada, página deixada para trás, por escrever, sou silêncio, compenetração, momento da minha, a própria vastidão, neste livro em branco que te entrego, e apenas te peço, escreve-me.

António Almas

Inflexões

A essência é uma lágrima, uma gota do fluxo primordial onde encontramos o detalhe mais pequeno da nossa própria existência. Este espaço vago, perdido entre o tempo e a evolução do nosso ser, é ponto de partida para a viagem da vida, não apenas aquela que veste um corpo, mas substancialmente aquela que se alimenta de energia. Vejamo-nos como esse pequeno grão de areia, que sendo quase nada, contém tudo aquilo que precisamos para ser aquilo que almejamos. Esta viagem é fruto maduro que pende da árvore da vida, é semente por plantar, momento, instante em que ficamos suspensos. Este vácuo é o habitat da alma, lugar onde o éter é o fluído que nos alimenta e toda a energia é força que se faz germinar. Somos um ciclo, que se renova no fogo dos séculos, um fruto que se adoça na luz das estrelas, na água que nos inunda as raízes, no vento que nos afaga as folhas, na terra que nos acalenta. Vinde, renascei todos os dias, juntai as cinzas e elevai-vos na poeira dos anos, hoje somos velhos, amanhã seremos novos, vinde, dai as mãos e senti a força do nosso

António Almas   74

Inflexões

Universo.

Inflexões

Pergunto qual a dimensão do tempo, vejo como corre veloz, questiono se nunca se esgota, para onde vai depois de passar por mim, de onde vem quando me chega. Passo por ele, tentando perguntar-lhe sobre o futuro, lembrar-lhe o passado, e segurá-lo por mais uns instantes no presente. Mas o tempo não sente, não se compadece e avança, como avalancha pela montanha, deste o futuro até ao passado, por séculos e séculos, sem nunca me ter jurado que posso voltar a alcançá-lo num qualquer percalço. O melhor momento do tempo, é quando me sento, sinto no rosto a brisa do vento e não questiono, apenas sinto cada batida do coração, como mais um segundo, e delicio-me naquele prazer de nada ser, de tudo absorver naquele breve momento em que percebo definitivamente que o meu tempo está a passar, mas, ainda assim o estou a degustar.

Inflexões

Escrevo, hoje, pedaços da história de outrora. Não sou escritor, não almejo a glória, apenas escrevo para dizer, tudo o que guardo na memória. Apenas procuro arar a terra, esta folha onde semeio, com palavras de vento, com saudades dum tempo que não volta mais. Neste recanto de silêncios, onde sento o corpo, aqueço os dedos, e descrevo, preenchendo vazios, retirando as recordações do estio, guardando aqui aquilo que já não digo.

Cada vez digo menos, porque vejo que a palavra falada é quase sempre mal interpretada, distorcida, enganada por concepções já feitas, prontas a consumir, como tudo aquilo que agora ousamos deglutir. Há quem diga que a solidão é para os que pretendem ser deuses, eu diria que a solidão é para os que não querem nada mais que ser apenas aquilo que são, apenas mortais, apenas pessoas que não se revêem nos demais.

Que saudades dos tempos em que o frio não era apenas a ausência de calor, mas um intervalo entre estações, o fim do ciclo, quase que à espera de renovações. Há um

António Almas

caminho que devemos seguir, e, como um livro, não faz sentido ler o princípio e o fim sem passar pelo meio, por isso, de que nos vale fingir que não existe solidão, quando nela vive o nosso coração.

Hoje escrevo, não porque seja profeta, poeta ou qualquer coisa similar, apenas porque de mim, de ti, de todos nós, me quero lembrar, quando a memória me atraiçoar.

Inflexões

Precisarei de viver mil vidas para conseguir entender o que move a cobiça, a inveja e a malvadez. Não consigo perceber que, em troca de algumas desgraças, uns poucos possam viver felizes prejudicando muitos. Não consigo absorver a ideia de que derrubando o nosso semelhante, possamos sentir gáudio. Teria de encarnar muitos corpos, observar muitas guerras, e sentir na pele cada tiro de bala, cada flecha disparada em direcção à morte, para perceber a que propósito, se mata, se morre, por coisas sem qualquer substância. Mas, tudo é válido hoje para seguir em frente, mais à frente, mais alto, mais longe. Tudo é permitido nos tempos que correm, para ser melhor que o vizinho do lado, ter mais posses, ter mais aparências. Mas, convenhamos que nem tudo o que parece é, que nem tudo o que brilha é bonito, nem tudo o que se possui é realmente nosso. É preciso tão pouco para ser feliz, é necessário quase nada para sorrir, basta que sejamos capazes de nos contentar com aquilo que a vida nos deu, de assumirmos que não somos Deus, que tão-somente passamos por aqui, durante um curto

Inflexões

espaço de tempo, rumo a outro lugar. Por isso não precisaremos de ser donos de nada, de derrotar aqueles que não nos magoam, para pudermos ser líderes de algo que nem sequer é nosso, como este planeta onde vivemos.

Inflexões

Há muito que sei, que sinto que serei tão-somente semente, que de mim nascerá apenas a esperança, que serei um pedaço do caminho, não mais que isso. Não é fácil perceber, na hora de deixar partir, nem o porquê de ter de ficar, nem, muito menos o ter de deixar. Mas sei há muito que haverá sempre um tempo por vir, onde terei de ficar e ver-te partir. Nestes momentos, apetece-me ser amigo do silêncio, libertar os meus lamentos, deixar as lágrimas escorrer, só assim consigo deixar-te partir, na chuva fria da despedida, no abraço vazio de algo que nunca tendo sido, jamais voltará a ser. Eu vejo-te, na distância que nos separa, a cada passo que te afasta, como princesa encantada, sei que precisas seguir esta caminhada, a outro amor abraçada, porque meus sentidos são filhos do vento, e o meu tormento é ser apenas nada.

Os meus instintos seguir-te-ão porque bebeste do meu espírito, e ele corre agora solto nas veias do teu corpo, cobre algumas paredes da tua alma e escorre-te na lágrima que chamas de saudade quando sentires o frio

António Almas   81

Inflexões

do vazio que atrás deixaste.

Inflexões

Faz-se um silêncio profundo, que paira sobre o meu mundo, calo a voz na intersecção dos momentos que me servem de alimento. Neste vazio, onde o éter me contorna o corpo como um rio, adormeço, mergulhado nesta atmosfera líquida onde os primórdios do tempo se propagam em breves cantos no meio do tormento. Sinto um arrepio percorrer-me todo o corpo, como se uma energia nova viesse do fundo do meu oceano e me trespassasse a alma inerte, misturando todos os meus sentidos, apagando todos os meus registos. Quero começar do zero, do alicerce, escavando na rocha firme, perene, cimentando todos os poros, alisando todas as superfícies para que as letras escorram como gotas soltas da chuva dos dias, quero libertar de novo as fragrâncias que geram alegrias, que plantam na floresta as suas sinergias, só assim fará sentido erguer de novo o mundo, como uma gigante bola coloria.

Inflexões

As minhas letras nunca escrevem um adeus, porque não sei conjugar a partida, porque sempre tenho ânsia na chegada, mas quero em mim sentir a saudade, a vontade de acordar de manhã e poder deliciar-me degustando todo o alfabeto só para te fazer sorrir, chorar, gritar e sentir, no arrepio da pele cada detalhe que de ti faço emergir. Por isso agora me calo, me fecho e me guardo, para descansar de mim próprio, do meu jeito meio torpe de ser, de sentir e de sofrer.

Inflexões

Sabes aquela curva no caminho? Que parece que nos leva à encruzilhada com a vida que segue paralela à nossa? Ela não tem o ângulo suficiente para a intersecção, é tangencial a aproximação, mas seguirão sempre sendo paralelas as vidas que por elas vão. É como os universos, aqueles que apenas estão para lá do espelho onde te vês todos os dias. São reflexos, lagos verticais de águas que não escorrem, onde guardas as imagens que sonhas, e, mesmo à distância dum vidro, não consegues transpor o corpo dorido para lá da barreira cristalina que vos separa. Não há forma de contornar os paralelismos da vida, são assim, existem e não encontram solução. Mesmo quando cortamos as rectas e soldamos cruzamentos, saímos por momentos na estrada onde outros já estão. Mas, ainda assim, tudo em nós é balbúrdia, confusão, não destrinçamos naquela amálgama a emoção que nos fez correr o risco de cortar com a nossa progressão. Nem mesmo as palavras, aquelas com que lidamos todos os dias, que nos parecem infinitas, desdobráveis, configuráveis em mil

Inflexões

maneiras diversas, até mesmo essas, nos limitam os cálculos, nos espartilham os saltos, e acabamos caindo sobre a mesma estrada, sobre a mesma recta, calcorreando o destino que já anteriormente trazíamos traçado.

Inflexões

Sei como é difícil elevar-se após a queda, como se torna impraticável não chorar depois da perda, mas sei também que é imperativo lutar em tempo de guerra. Não há glória maior, que sentir que, depois do esforço incomensurável, há um alívio doce e adorável. É preciso beber da taça da esperança, porque só o seu néctar consegue dissolver o travo amargo da derrota. Sim, não se ganham todas as batalhas, mas em todas as lutas se curam feridas, e elas são, as lições que corrigem os nosso erros, e elas vão, ensinar-nos os caminhos que devemos trilhar para uma vitória alcançar.

Mesmo quando a tempestade fustigue os nosso corpos, os ventos desordenem os nosso pensamentos e o inimigo destrua as nossas defesas, é preciso acreditar na nossa alma pura, no fogo que alimenta a fornalha dos nossos sonhos e quimeras. É a fé de que pudemos alcançar um dia a nossa utopia, que nos dará a força para vencer a borrasca, para enfrentar a desilusão e continuar de espada na mão, até à derradeira sensação, o alívio de toda a tensão.

António Almas

Inflexões

Percebo na estrada que sigo, cada detalhe do destino. Sinto a chuva e o vento, que fustigam o corpo, que pesam no dorso o fardo de caminhar indefinidamente pela deriva da incógnita de mais um dia. Entendo porque sigo, porque persigo uma vontade louca de saber o que me espera na próxima curva. Afinal não é isso que nos move? A curiosidade de descobrir o que desconhecemos? De sentir o que não sentimos? De aprender o que não sabemos?

Mas a minha persistência tem mais motivos, tem intenções não declaradas, desejos de novas alvoradas. É por essa miragem que ando, que vou, acompanhando a luz que me indica as escolhas que devo fazer, por entre este mar de dúvidas que nem sempre logramos perceber. Quero ser capaz de te alcançar, de teu rosto tocar e sentir a luz intensa do teu olhar. Só assim darei por recompensado todo o esforço deste meu desígnio, desta demanda, que desde o início me comanda. Só, na luz da tua presença, o significado da minha vida encontrará o sentido pelo qual anda perdida.

António Almas

Inflexões

Sinto as palavras cansadas, já não se sentem nas pontas dos meus dedos, estão exaustas das carícias, dos segredos. Esta incongruência que pende do abismo da minha alma, é equilíbrio precário que em qualquer instante perde o chão para cair no calvário. As asas, cansadas de voos ausentes, de tantos nadas, de procuras incessantes, de pesadelos constantes onde o sonho se perde na ambiguidade dos quotidianos cheios de penas caídas, fazem dos dias frases perdidas, que não se encaixam mais nos alfabetos obsoletos do meu mundo. Não há alternativas, fugas ou desvios que preencham estes lugares vazios, onde o tempo é tão eterno que não passa, onde o oco das paredes desta casa é como casca frágil que se quebra aos primeiros ventos frios da desilusão. Não perdi nada, não deixei de ter hoje o que tinha ontem, não desisti, não abdiquei, apenas senti esse gélido golpe dos dias, que por vezes me dilacera sem explicações, sem argumentações, e me deixa morto no palco das minhas ilusões.

António Almas   89

Inflexões

Eu sou a minha maior contradição, conheço muitos dos meus vícios, sei como contorná-los, mas não os evito porque me dão prazer, adição. De facto não difiro de outro qualquer viciado, também sou escravo de vontades proibidas, de sentidos que aportam à vida aquele arrepio que já quase nunca sentimos. A escrita é um momento inofensivo, de introspecção, eu diria. Mentira! Ela não é mais que uma forma de me sentir constantemente recordado, como se tivesse medo de ser esquecido pelo passado. Mas nada é duradouro, nem o Homem, nem o Mundo, quanto mais alguém que vive na dependência clara daquilo que faz os outros sentir. Será o meu prazer, dar prazer? Serei eu um adicto à prostituição da palavra no sentido de a troco dela dar prazer a outros? Ou será simplesmente uma questão de solidão, de incoerência, de desilusão, que me entrega permanentemente no mar de letras de todos os dias. Não sei, e confesso, ter até medo de descobrir, pois nenhum fumador quer na realidade encontrar a forma de deixar de fumar, porque esta é bem simples, basta não

António Almas

Inflexões

acender o próximo cigarro.

Inflexões

Na vertigem do abismo, a sensação de tontura é tão aliciante como o medo da queda em altura. O corpo balança, como se tentasse agarrar-se ao chão, mas este se movesse noutra direcção. É assim que me sinto quando me assomo à aresta viva do teu mundo. Apetece-me cair, mas tenho medo, e tudo faço para resistir. Depois vejo a água, rio alvoreado que do alto desta cascata se atira sobre o vazio sem medo de deixar de ser rio. Vejo a floresta, que em braços me aperta, espera-me num tapete verdejante, qual corpo desnudo de amante. Este frio húmido, gela-me os sentidos, deixa-me completamente rígido, não sei se por horror da queda, se por mera frigidez do espírito.

Mas em que consiste este voo, será um mero suicídio? Ou uma forma de aprender a voar? De saber cair contra o ar, vestir o véu de gotas d'água e mergulhar em baixo no rio, onde termina esta cascata! Quero ver, por dentro o teu mundo, descobrir nessa gruta o fruto que sagrado guardas em teu âmago, só assim saberei que saltar não significa parar, mas seguir em frente, na corrente deste

António Almas   92

Inflexões

caudal que é o teu corpo no meu a soçobrar.

Inflexões

Conheces a sensação de imersão? Aquele arrepio do contacto do frio com a pele seca? Quero sentir-me mergulhar, ser parte do fluído desse mar que me abraça, nas suas correntes. Marés que me levam e trazem, ondas que me elevam e enrolam fazendo-me vir à tona. E o silêncio? Consegues senti-lo? Aquele vazio de sons ocos que se comprimem na profundidade do oceano, como quem cala e escuta apenas a alma divagar por entre as moléculas da água. Esta é a razão por que quero deixar o corpo afundar-se, sentir a ausência de gravidade, como se flutuasse no espaço exterior, sensação de regresso às estrelas, ao princípio de tudo o que fomos, somos e voltaremos a ser na expulsão dos sentidos, na eclosão da nossa alma noutra dimensão. Gostava de conseguir fazer-te sentir essa sensação de leveza, essa estranheza com que me tocam os teus sentidos ausentes, as mãos, os dedos, a pele que não estando em mim, se sente, entendes o que te quero desenhar? A vontade que tenho de fazer-te arrepiar?

António Almas   94

Inflexões

O que é a vida senão uma sucessão de dias, um constante sonhar com paraísos distantes, uma esperança quase desconcertante de termos amanhã o que não conseguimos alcançar hoje. Mas, será a vida isto mesmo? Esta constante corrente que ora nos prende, ora nos impele a ir para a frente? Gostaria de pensar que viver é muito mais que almejar algo, que correr atrás de qualquer utopia inalcançável, mas parece-me que, cada vez mais, andamos todos atrás duma coisa qualquer que, a esta distância, já nem sabemos se é o nosso Olimpo, ou tão-somente esta necessidade visceral de ter mais, ser mais, ir mais longe, sem saber onde.

Para mim, viver deveria ser apenas respirar a brisa, olhar o horizonte e, aqui e ali, alimentar o corpo com o suficiente para a sua subsistência, ao invés de com a ganância de quem nunca nada lhe chega. Viver em comunhão com a Natureza, sem a futilidade da aparência, sem a mentira de conveniência. Caros amigos, já repararam no que estamos a perder

Inflexões

pensando que estamos a ganhar? Um dia vamos querer libertar-nos desses grilhões que ao longo do tempo foram a nossa droga, o nosso vício, e, lamentavelmente, já não saberemos como os colocámos, nem como deles nos libertarmos.

Inflexões

Nesta escalada rumo ao topo da montanha, procuro peculiares equilíbrios, entre a força dos dedos que se cravam na rocha e o balanço do corpo que tenta a todo o custo manter-se justo na sua verticalidade. Por vezes parece-me impossível esticar o braço tão longamente, há, quase sempre, um abismo entre o vazio que me separa da base do rochedo e aquele singular momento em que as mãos sujeitam com força hercúlea um corpo pendente da razão de se manter vivo, contra a corrente da gravidade que o empurra. Não olho para trás, seria demasiado perturbador para a alma perceber a distância que a afasta do corpo pendurado no alto da escarpa. Contudo prossigo, enfrentando todo e qualquer perigo, sabendo que nenhum arnês me protegerá da queda abrupta. Quero alcançar o cimo, sentir os músculos cansados serem afagados pelos ventos, só assim serei capaz de ilibar os meus tormentos e sentir que valeu a pena cair tantas vezes, para aprender a trepar, para ser capaz de escalar cada um dos meus obstáculos. Afinal, há uma eternidade para experimentar, e daqui de cima,

António Almas

Inflexões

consigo ver ao longe o paraíso, que é muito mais do que preciso. Agora, basta-me abrir asas e planar, porque sei que depois do corpo purgar, já poderei a alma para lá levar.

Inflexões

O meu pequeno universo é o limite de tudo aquilo que faço, um ínfimo espaço que me circunda, como se o horizonte fosse o limite temporal dos meus sonhos e tudo acontecesse dentro desta bolha onde flutuo. Este ar que respiro é feito de partículas disseminadas pelos sonhos, um éter onde mergulho, morno e tranquilo, um momento de delírio onde nado à deriva dum mar por mim inventado. O meu corpo é um pequeno mundo que gira, roda e rodopia sobre si próprio, vagueando no espaço profundo da imaginação, é aqui que quero sentir a força, a pressão, duma atmosfera carregada de invenção. Sei que é um espaço solitário, por isso crio os meus cenários, preencho-os de personagens que animo, de monólogos disfarçados de diálogos onde represento o drama da paixão, com a emoção de quem tão bem conhece ambos os lados desta sensação. Mas, por vezes, sinto-me só, tão só que o meu universo colapsa, que as estrelas do firmamento caem e riscam a esfera celeste como raios cósmicos anunciando um fim dos tempos. Nestes momentos sou silêncio, cessa a função

Inflexões

e o teatro da vida morre sem ilusão.

Inflexões

Lamentavelmente a sociedade é o que é, o que fizemos para que fosse e aquilo que admitimos que seja. Hoje não se espera pela maturidade para provar a fruta, faz-se amadurecer para comer. Não guardamos o tempo como algo que precisamos para crescer, crescemos rapidamente como se quiséssemos ser adultos na pressa de não querer obedecer e ser livres de ser. Efectivamente não vivemos, porque perdemos o tempo certo de olhar o dia a adormecer, porque nos esquecemos de agradecer, porque afinal é obrigação dos que estão vivos viver. Mas a sociedade é um todo, e se antes não percebia a questão das minorias, agora entendo-as perfeitamente, como bolsas de resistência que primam pela diferença. Mas confesso que me desânimo, que me parece estar tudo perdido, apesar de saber que depois a própria vida encontra uma forma de viver. Tenho pena de passar tão depressa por esta correria, por mais que queria saborear o dia, a vida leva-me na corrente obrigatória deste dia. Mesmo quando paro sou empurrado pelos que me seguem como ovelha

António Almas   101

Inflexões

em rebanho afunilado na manga da morte certa. Lamentavelmente penso que hoje não há dias para Viver.

Inflexões

Há momentos em que me parece mais sensato atirar o socialmente correcto ao ar e partir, sem destino nenhum, como quem acaba de nascer do nada e se faz à vida num primeiro choro. Este espartilho de situações que surgem, umas atrás das outras, como se houvesse uma fila de espera, agoniam o espírito e já nem o corpo se sustem. Questiono-me se vale a pena ter a ambição de ser algo mais que simples ser vivo, não nos bastará apenas respirar, beber e alimentar o corpo?

Tenho saudades da simplicidade dos dias vividos com as limitações que uma vida pequena nos oferecia. Ao invés de corrermos para pagar o que não podíamos ter, vivíamos com aquilo que nos bastava para viver, e éramos tão mais felizes. O tempo não nos fugia porque não o consumíamos na ânsia de chegar mais longe, conhecíamos os limites do nosso pequeno mundo e isso bastava-nos para ter tudo o que sempre quisemos ter realmente, paz e tranquilidade.

António Almas

Inflexões

É inacreditável como as palavras me chamam, às vezes gritam-me de longe, outras, atravessam-se na calçada a meus pés. Quero evitá-las, mas parece fado, destino já traçado que até na música me dancem. Nem sempre sei como pegar-lhes, se as tomo pela cintura e as cinjo ao meu corpo, ou se as levante e segure ao colo como quem atravessa donzelas no riacho. Questiono-me sobre esta invulgar relação que temos, este amor premente que nos prende, que faz com que as queira tanto, que elas me persigam por cada canto. Parece quase um jogo onde me escondo, mas onde sempre me encontro. Esta inevitabilidade faz com que tenhamos uma intimidade profunda, que até o próprio ar que nos envolve nos trai e nos denuncia nesta promiscuidade de prazer que ousamos entre ambos viver. Já nada sou sem a palavra, e tantas vezes me atrevo a acreditar que sou apenas e só ela mesma, vestida de luxúria, ou sentimento, de lágrima escorrendo pelo rosto feito de letras. Um dia, quando nos separarmos, e meu corpo seja cinza, ela ficará guardada na essência da minha vida, no momento

Inflexões

dramático da minha morte e na eternidade da minha alma.

Inflexões

Não sei onde ir, como fazer para não ficar imutável, como objecto empurrado de um lado para o outro, arrumado, aqui agora, logo acolá. Estranha sensação de que estou sempre a magoar o outro. Sentimento mau de que sou eu que sempre desfaço o que era para ser feito. Voltei atrás, ao princípio dos medos, das incongruentes sensações de estar a mais. É nessas alturas que perco a postura de quem confia em si próprio e passo a ser traste, nada de mais nada que não um empecilho que agoniza, esperando não tropeçar em ninguém, só com a preocupação de não incomodar. Lembro-me de quando era miúdo padecer deste síndrome, lembro-me mais tarde da coragem necessária para o ultrapassar, e recordo-me agora que nem mesmo todos estes anos de prática me permitiram não voltar a ter a mesma sensação amarga de que estorvo, no verdadeiro sentido da palavra.

António Almas   106

Inflexões

Não sei como explicar-me a mim mesmo sobre esta divergência constante entre o mover dos relógios que avançam a ritmos mecânicos, e o evoluir da vida molecular que se propaga numa reprodução constante de células. Algo me escapa, falta uma ligação que conecte os cronómetros ao respirar, ao bater dos corações, e estes, por sua vez, aos sentidos, aquilo que ninguém vê mas sabe que o habita por dentro. Será este tic-tac uma progressão mais o menos constante da evolução espiritual do nosso Eu energético? Será este fluxo de dados que corre nas torrentes sanguíneas dos seres vivos apenas uma bomba relógio prestes a explodir num qualquer trombo, arritmia ou derrame? Ou, por outro lado, somos a face finita duma etapa que devemos explorar e interiorizar, não nos átomos mas nos fluxos de partículas subatómicas que compõem a nossa alma infinita?

Esta pequena centelha da criação, que todos carregamos dentro, esta vontade de ser mais, ir mais além, descobrir, perceber e entender é o reflexo da infinitude da nossa existência, é a prova de que afinal não somos apenas um hiato, mas todo o tempo, não somos o momento, mas o eterno instante da descoberta dum novo limiar ultrapassável.

Inflexões

A degustação do silêncio em meio à cacofonia dos dias é um presente. Sei que à frente, num tempo já não distante, terei pavor do vazio de sons da minha solidão, ainda assim, hoje, procuro desesperadamente por esse momento em que possa ficar a sós com os meus pensamentos. É a ironia da vida, que nos leva sempre a correr atrás do que não temos, desprezando tantas vezes aquilo que depois se revela importante. Este mergulho na intimidade da minha alma, aporta-me a frescura e a calma de que preciso para enfrentar as duras batalhas que me esperam. É por isso que o prezo, que o considero um templo onde a energia flui, sem qualquer tormento, por isso o guardo tantas vezes, como bem precioso por que zelo.

Um dia serás, silêncio, companhia eterna, última morada das minhas palavras, guardião do meu corpo, eterno caminhante do tempo.

Inflexões

Preciso dos sentidos para aprender a respirar, preciso da água do mar, para aprender como mergulhar profundamente nas sensações. Não me faz qualquer sentido seguir o curso do rio se não for para desaguar num oceano de agitações, convulsões e emoções. Este é o tempo em que me guardo, em que me escondo da luz para não provocar as sombras, em que absorvo cada milímetro dos sentires, para concatenar em mim as essências que me fazem vivo. De outra forma morro, pelo excesso de oxigenação do quotidiano que envenena a minha mente e me deixa completamente perdido. Quero saber do caminho, perceber as escolhas e os delírios que me levam a inventar uma e outra vez como soçobrar, como resistir, como sobreviver na torção constante dos dias, nestas manhãs frias que arrepiam a pele, não de prazer sentido, mas de amargo fel.

António Almas

Inflexões

Realmente por vezes penso que sou o próprio erro, que é em mim que reside a inconstância e que, é em mim que começam as guerras. Já se tinham passado uns anos desde a última vez que senti ser um estorvo, e a cada dia que passa, volto a entrar nessa estrada. Parece que este hiato foi apenas isso mesmo, uma pausa, na minha mente, para me sentir pessoa decente.

Penso que tudo tem a ver com a contabilidade dos compromissos, com o equilíbrio entre o bem e o mal, entre o menino que se comporta e aquele que não se importa de nada. Devo estar em dívida com um dos lados, ou até com ambos, porque me sinto puxado para todas as direcções e na realidade não vou a lado nenhum.

Por vezes acho que, não faz sentido continuar aqui, e, ainda que não deseje a morte, já tenho dado por mim a pensar que, se esta me surpreender numa qualquer esquina da vida, a abraçarei sem remorsos do que fica.

António Almas   111

Inflexões

Há uma tendência natural da humanidade para a degradação da qualidade. Porque já temos tudo feito, não nos preocupamos em saber como se faz. Porquê preocuparmo-nos em despender o nosso tempo em saber como se escreve se há correctores automáticos que eliminam os nossos erros? Vejo hoje a maioria da juventude com vocabulários reduzidos, a repetirem-se e a terem dificuldades em exprimirem-se, tudo porque o sms limitou-se a alguns caracteres, o twitter igualmente os limita a expressar-se, mas sobretudo, porque se cansam facilmente e acabam por chatear-se. Hoje ser bom, escrever bem, ser acima da média não é difícil, basta que para tanto se tenha interesse em saber como se diz, como se pronuncia e em acumular conhecimentos e palavras todos os dias. Talvez por isso hoje um aluno acima da média seja equivalente a um mau aluno de há meio século atrás.

Inflexões

Como poderei inflectir sobre ti o meu pensamento sem tocar ao de leve na tua essência, na tua existência. Não quero, porque não devo, ser movimento de agregação de todas as tuas vontades e ilusões. Não posso, porque não sou capaz, de ser em ti estrela fugaz que risca o teu semblante como um nada que já foi e não voltará. Este desequilíbrio envolvente que faz de mim um ser presentemente ausente, confunde o espaço-tempo e faz da realidade uma imagem desfocada do presente. Gostaria de ser religiosamente exacto em tudo o que digo e faço, mas quebro esta corrente, separando elos e construindo conexões no vazio deste hiato onde me sento. Um dia quiçá, seja possível transplantar estas vontades líricas para o factual quotidiano e criar da Noite para o dia uma nova ordem, para que a seguir a cada verdade venha mais outra e tudo siga a corrente do rio que desagua no mar.

António Almas   113

Inflexões

Já não encontro em mim o silêncio necessário para me fazer ouvir. Preciso de calar este ruído avulso que ecoa como grito na caverna vazia de gente, mas tão povoada de demónios, que atormentam as palavras que não escrevo. O rumo depende de que lado sopra o vento, e o barco navega em direcção a desconhecidas paragens. Gostava de saber o destino da palavras, o que elas fazem emergir nos que as entendem e que ecos provocam nos que apenas as lêem. Gostava de ter a percepção do tempo, não como algo que se esgota, mas como linha contínua, sem dias nem calendários que se estende em ligeira curva pelo horizonte. Um dia poderei encontrar o começo do arco-íris, a fonte dos sonhos e a origem da música que organiza o universo em harmonia perfeita. Nesse dia terei descoberto o mecanismo da existência, e a essência daquilo que somos feitos. Aprenderei contigo, em cada sorriso, em cada detalhe que te descubro e serás a companhia que quero partilhar por todo o caminho até chegar. Anda, faz-me companhia, não apenas na alegria, mas também na agonia de

António Almas

Inflexões

descobrir e decifrar o que não entendo, só assim cessarei o meu lamento e farei da Noite, não um lugar escuro, mas uma aurora boreal que brilha incessantemente no teu altar.

Inflexões

Deveria o céu pintar-se de tons de azul e a madrugada ser aragem que veste as sombras e abraça as verdades? Não sei! Sei apenas que nesta esfera em que me movo, todos os passos são fogo apressado, o tempo cavalo alado que corre desenfreado para um lado qualquer. Áhh como eu invejo o silêncio, uma certa solidão que me permite a introspecção, sem que a mente esteja a correr, a soçobrar de preocupação. Precisaria de ter a capacidade de me ausentar, de sair, de voar para um qualquer lugar do espaço não físico, onde não existisse corpo, não existisse frio, onde a vontade fluísse como rio livre, encosta abaixo em direcção ao suave abraça do mar. A cada dia que passa as forças são menos, a impotência aumenta exponencialmente e adensa o conflito entre o que me vai dentro e o que me contorna, como fazer com que esta barca flutue, impedir que a vaga a adorne?

Sinto-me no limite, não sei quanto mais tempo aguente, sem perceber como e quando sentir, se devo ficar ou partir, se devo viver ou perecer, pois as forças esvaem-

Inflexões

se e já não sei o que fazer.

Inflexões

Não sei como explicar o passar do tempo, a forma como o enfrento e pareço ainda criança, vestido num corpo de homem de meia-idade, a tombar para uma descida abrupta de capacidades. Ainda me vejo por dentro, como se fosse um rebento acabado de brotar do ramo verde da vida, e já a vida trata de me lembrar que a madeira cresceu, o ramo verdejou e maturou no tronco que agora sou. A mente olha para o passar dos dias duma forma diversa, o oxigénio que nos dá vida, mata o corpo lentamente, nesse veneno e nem nos apercebemos que vamos envelhecendo.

O que me resguarda a desilusão, de não ser hoje como um primeiro verão, é saber que a alma se propaga, não se confinando à mente, ao corpo e ao espaço físico deste tempo, entediante e curto que nos dá apenas um simples fôlego de vida antes de no-la tirar duma forma definitiva. Espero e creio, poder a energia que meu corpo anima, ser reciclável e transmutável, passando por entre os grilhões da realidade e atingindo outras dimensões para lá dos limites e imensidões.

António Almas   118

Inflexões

É difusa a forma como me vejo no futuro, não percebo se vou enlouquecer a partir daqui, ou se vou perder-me da vida num determinado momento do caminho. Há demasiadas inflexões no meu espírito, demasiados conflitos e dicotomias que separam os meus sentidos, começo a perder o equilíbrio, e a alma sente a vertigem de quem percebe que vai caindo, sem conseguir a verticalidade.

Haverá ainda sentidos que resistam à constante batalha contra os elementos, idiossincrasias e demais estados de emocionais das multidões, que consomem à velocidade do pensamento, vorazmente, toda e qualquer sensação que se lhes oferece? Não sei! Por vezes é oco o corpo, é vazia a alma e desprovido de sentimento o lamento que em agonia desprendo num suspiro profundo, vindo de dentro.

Estou exausto, desgastado pelo tempo, envelhecido pelo vento, com cheiro de sangue, que me queima e seca a pele das mãos enquanto escrevo. Já não me encontro objectivo, motivo ou vontade de levar por diante o

Inflexões

esforço da composição, da construção ou, da ilusão de pintar em folhas brancas cenários encantados, que de envelhecidos ficam amarelados e putrefactos no esquecimento dos anos.

Inflexões

A fonética da vida, é uma cacofonia de barulhos, de ruídos confusos que me deixam a mente atordoada, não sinto mais nada. Aquela sensação de mágoa profunda que de tão entranhada parece carne agarrada ao osso vivo do ser humano. Esta chinfrineira de sons, vozes e gritos perturba a fluência do meu existir, baralha-me a mente e faz-me cair. Como eu imploro ao silêncio que me vista o corpo, ao vácuo que me contorne a alma, para que a ausência seja de facto sentida em mim, no mais profundo recanto do meu espaço interior.

Espero que este momento agonizante cesse rapidamente, e que a paz inunde o meu mundo, mergulhando-me para sempre neste fluido morno que absorve os sentidos. Mas a fé que me move, faz-me esperar um hiato, um breve e singelo intervalo entre a reverberação das ondas sonoras que me permita equilibrar os sentidos e ser de novo instrumento afinado na orquestra da vida.

António Almas

Inflexões

Pergunto-te silêncio por quanto tempo devo sustentar os sonhos? Serão eles eternamente apenas isso? Sonhos! Ou devo percebê-los como histórias dum tempo já neste corpo esquecido? Tu, silêncio perdido nos corredores mais profundos da alma, és companheiro de aventuras e desgraças que juntos combatemos nos campos sangrentos da solidão, onde nem os sonhos nos alcançaram. As minhas confissões são prantos que escutas, que redimes e perdoas a esta velha alma cansada de arrependimentos e desencantos. Sabes silêncio, és em mim eloquência, calma e prudência mas és também loucura e paixão, que maltrata o meu corpo e o sujeita ao fogo da dor e do amor. Sem a tua presença teria enlouquecido, e as minhas letras não teriam visto a luz do dia.

António Almas

Inflexões

A humildade é, nos tempos que correm, uma qualidade inestimável, porque realmente ela subentende não apenas a virtude de ser humilde, como a capacidade do ser humano para ouvir o próximo, a capacidade de aceitar opiniões diversas das suas, e até a paciência virtuosa de se submeter sem reservas a condições nem sempre fáceis. Se olharmos bem para o quotidiano, poderemos ver como ser humilde é atitude em desuso, é peão atropelado constantemente nas estradas da vida. Se além de apenas predicarmos a palavra, a aplicássemos às nossas atitudes diárias, seríamos com toda a certeza seres mais plenos, capazes de olhar sem os óculos da vaidade e da indiferença para os nossos semelhantes. Teríamos a capacidade de nos dar, mais e mais, no amor que devemos partilhar a cada hora com todos os que na mesma estrada nos segue ou àqueles que seguimos. Como seria belo o mundo, se tivéssemos a capacidade de abolir o egoísmo e autoritarismo e fosse possível implantar o amor e a humildade como bandeiras que regessem o nosso caminho.

António Almas   123

Inflexões

Desejo ardentemente conseguir disseminar a vontade de ser humilde, de ser capaz de me baixar perante o que está caído, de me vergar perante o que quer conquistar, para lhe ensinar como se vence o ardiloso e se conquista o dominante, com a dócil e subtil perseverança do justo e do humilde.

Inflexões

É incontornável a cadência dos dias, a ausência de euforia quando estes se sucedem sem arrepios na pele. Por mais que se propulsione a imaginação, por mais que se estimule a criação, sem sonho, não podemos crescer, não somos capazes de aprender, e perdemo-nos num labirinto de conjecturas e vazios que nos devora a alma e o espírito.

Parece-nos que tudo perece, mesmo quando a pradaria rejuvenesce com as primeiras chuvas, mesmo quando o Sol preenche de luz o horizonte. Onde estão os perfumes de lavanda, que matizavam o orvalho das manhãs?

Questiono o caleidoscópio da vida, sobre os tons, os padrões e os sinais de despedida. Procuro respostas em becos sem saídas, como se tentasse encontrar uma passagem mágica para o reino das minhas fantasias, há muito perdidas.

Silêncio, é o som mais profundo que se escuta, quando nem já as letras são de músicas, quando já nem as melodias preenchem em nós os dias.

António Almas   125

Inflexões

Será louco aquele que percebe o Amor duma forma substancialmente diferente? Deverá o Amor ser restritivo, compartimentado, dividido e constantemente subtraído? Bem, talvez eu esteja mesmo louco em acreditar na pluralidade do verbo amar, na isenção de limitações e barreiras sociais para praticar tão nobre sentimento.

O que estrangula o Amor é o sentido de posse, essa obsessão por querer ficar com todas as conjugações dum verbo que nasceu para ser semeado, disseminado e oferecido, e não para ser guardado, em modo exclusivo porque sabe dizê-lo, ou pensa saber senti-lo.

Estas constantes desilusões, convulsões e febres delirantes que matam em nós as vontades de defendermos esta sensação, motivação de amar indefinidamente, aqui e em qualquer lugar, toda a gente, derramam sangue e lágrimas, suores e calafrios percorrem-nos a alma, e, aos poucos, vamos morrendo, como flor em final de Primavera, como o Amor em tempos de guerra.

António Almas   126

Inflexões

É preciso ser forte como a tempestade, resistente como a vaga, que se arremessa contra o rochedo, para sentir em fúria, a capacidade de se despedaçar em mil gotas, sendo nada. É preciso ser forte, como o vento que derruba a árvore, para se deixar trespassar pela espada que no caminho para inevitabilidade da morte dilacera o coração. Não há como aprender como a resistência a não depende daquilo que somos mas da forma como enfrentamos os obstáculos. É assim que poderemos persistir no caminho a seguir, sabendo que interminável, não nos levará a lugar nenhum, contudo estamos predestinados a percorrê-lo, porque é nele que encontraremos a sabedoria de sermos o que ambicionamos ser. A morte espera-nos, no final da estrada, numa qualquer berma, e, é esta inevitabilidade que faz com que descubramos nas coisas mais singelas da vida a magnificência de existir, de ser, exactamente aquilo que somos, como únicos, porque nossos, como um todo porque sementes de um só fruto. Por isso resistimos à força da água, à fúria do vento, à agressividade dos elementos, mantendo-nos sobre a estrada da vida, ainda que a dado momento tombemos, para o abismo duma morte há tanto anunciada no prelúdio de um dia de alegria.

Inflexões

O voo livre de um pássaro rege-se pelas correntes de ar, que o fazem ascender aos céus ou pousar em terra. Sempre o sonho tem sido asa dos que sempre desejaram voar, e essa liberdade de subir e descer, rege-se pela ilusão que nos faz ascender à utopia, ou pela desilusão, que nos faz despertar para a realidade, onde estamos agarrados ao chão pela força física que nos restringe, nos amarra e não nos deixa mais que poucos centímetros de voo. Para contornar esta impossibilidade de sermos seres alados, inventámos a criatividade, alimentámos a possibilidade de iludir o espaço, o tempo, e até a dor. Fomos para lá do horizonte em pássaros metálicos que nos conferiram o direito de reclamar os céus, mergulhámos com as baleias até ao oceano mais profundo, julgando-nos peixes. Rasgámos a noite e fomos muito para lá do azul do céu, julgando-nos Deus.

Mas um sonho será sempre um sonho, e o chão que pisamos, será sempre o pó de que fomos feitos, lugar de partida, mas sobretudo de chegada. A utopia será para

Inflexões

sempre a fascinação pela perfeição, que enquanto homens e mulheres contemplamos como o final dum arco-íris que jamais tocaremos.

Inflexões

Hei-de saber-me sereno quando vier o tempo, quando chegarem as horas pela porta da rua, quando os dias se tornarem séculos e a vida for apenas um momento. Hei-de saber-me só, quando a alma estiver vazia, quando o espaço estiver pleno de ar e a luz seja apenas as das estrelas do firmamento. O meu silêncio não agitará a atmosfera, os meus sentidos serão pálidos como letras sumidas em papeis envelhecidos. Quando esse instante chegar já não estarei aqui, restará apenas um corpo oco, porque a alma fugiu, seguiu em direcção ao infinito, há floresta dos encantos onde não há prantos nem gemidos, só pássaros chilreantes e frondosas árvores verdejantes. Não haverá lamurias, nem falsas figuras anunciando o pranto de quem perdeu a vida num breu, apenas e tão só este copo vazio de onde se evaporaram as memórias e os livros escritos, espalhados pelo chão frio da vida.

António Almas   131

Inflexões

Porque há paradigmas que não se encaixam em vidas subjetivas, onde a relativização de tudo é uma constante, devo admitir-me derrotado perante tamanha flexibilização. Adorno, caio sobre os pés, vergando ao peso de tamanhas inconsciências. Onde nos levará esta loucura, em que não somos mais modelo, somos apenas um impedimento à liberdade daqueles que se pensam eles mesmos, a perfeição de pensar. Estarão os adultos a ser educados agora por fedelhos? Gente improducente, consumista e incoerente, cuja visão só atinge o centro da sua barriga, esquecendo-se que há mais mundo e sabedoria que o bando de escroques mal formados, que argumentam que a culpa é dos pais, quando verdadeiramente o problema reside nesse grupo de malandros que apenas produz bebedeiras, consome drogas e dorme, como porcos em malhada alheia. Que seria destes energúmenos se não tivessem escravos que os sustentam, que os alimentam e limpam a sujidade que produzem. É isto que nos espera! Um futuro onde esta canalha governará, e nós, pobres

António Almas 132

Inflexões

velhos, seremos muito provavelmente eliminados da face da Terra, pois cheiraremos mal, não serviremos para nada, e ainda comeremos o que a eles não lhes chega.

Se há fim dos Tempos, como anunciam alguns evangelhos, então não tardará que soe a primeira trombeta.

Inflexões

Esquece, abstrai-te, ignora, porque a loucura ronda-te, assoma-se e tenta baralhar-te. Porque a ignorância e a estupidez caminham de mão dadas com a incapacidade de ver além do próprio umbigo, deves abstrair-te de falar, de dizer, de compactuar com torpes discussões de nadas. O egoísmo paira, espera, aguarda que baixes defesas e toma-te de assalto, não deixes que prevaleça, que te ataque, que te domine porque a vida não é apenas o que vês à tua volta, é sobretudo o que não se consegue vislumbrar. Os afectos que partilhas, as preocupações que te assolam, as vontades que te instigam são muito mais que toda a mesquinhes que te rodeiam, por isso é preciso estar atento, ignorar a prepotência, não valorizar a ganância e derrotar a ignomínia para que a doença da sociedade não contagie e tua alma pura. Protege-te, porque a luz que carregas tende a apagar-se com falsos faróis que tentam ofuscar-te.

Há tempos que pensei não regressassem a mim, cheguei a sentir-me de facto um ser abençoado,

António Almas   134

acreditando que apenas me sentia um lixo porque não me sabia valorizar. Quando me expus e comecei a considerar as opiniões dos outros, pareceu-me que este velho fantasma estava enterrado nas masmorras do tempo. Mas não, ele ressurge de tempos a tempos para me assolar a Alma, para me baralhar a cabeça e desestabilizar o pensamento. Nunca, nos últimos 14 anos, havia tido tão ferozes ataques à minha auto-estima como nos últimos tempos. As pessoas para as quais fui quase um ser perfeito, olham-me hoje como banal, cheio de questões e problemas, nada do que lhes iluminava os céus há tempos serve para afastar as sombras que agora pareço proporcionar-lhes.

Talvez quando nos mostramos na nossa plenitude, sejamos menos perfeitos que quando mostramos apenas um pouco do que somos, talvez as pessoas não queiram o todo, mas apenas a parte doce deste mundo nosso.

Inflexões

Falar de amor num único sentido, percebendo apenas aquilo que nos dá jeito sentir, esquecendo que do outro lado provocamos também emoções, pode parecer a forma mais bonita e perfeita de amar, mas, amor unívoco não conduz à felicidade a dois, pelo contrário, conduz à solidão, à dor e à martirização. Até posso andar perdido, não prestar tanta atenção, não amar com tanta perfeição, mas será que o não faço porque estou desatento? Ou estou desatento porque não alimentam as minha vontade com aquilo que esperei receber em troca da minha voluntariedade? Bem sei que o amor não é interesseiro, que não dá em espera de receber, mas quem sempre dá e não recebe de volta esgota-se, é o que eu por vezes sinto, exaustão, incompreensão e inflexibilidade.

Não deixo os outros falar? Imponho a minha vontade? Sou inflexível? Falo alto e não compreendo? Sou insensível porque não amo os outros que não seguem o que eu predico? Pois é, devo mesmo ser, porque tantas e tantas vezes faço tudo isso para precaver que mais

António Almas   136

tarde venhas com a razão, oferecer-me-la dizendo que a tenho, quando tudo o que eu mais queria era que me tivesses ouvido quando te chamei a ela.

Não há uma razão para o amor, por isso quando digo que te amo, não me justifico, apenas sinto, e não sei explicar porque sinto, porque quando te viro costas não consigo abandonar-te, porque quando me zango não consigo obliterar-te. Talvez haja um dia em que esse secreto e misterioso elo se quebre, e eu consiga seguir a estrada deixando-te seguir a tua, mas não agora, não já e não porque não consigo.

Inflexões

A decadência contempla a ascensão como a tristeza olha para a alegria que já teve. Viajam em sentidos diversos, ainda que na mesma direcção, uma vai para os céus a outra para o chão. Raramente nos recordamos porque ascendemos, mas quase nunca nos esquecemos porque caímos da atmosfera e nos precipitamos nos abismos escuros da nossa solidão. Esse remorso de não termos feito o devido, o correcto, é corrosão em ferro nu, que come até ao osso. Este corpo, feito do chão de barro quente da planura amassado com a água fria do Inverno, greta perante a seca iminente, este estio agreste que só uma lufada de ar primaveril pode inflar de novo e fazer voar. É como a semente, resguardada dentro dele, esperando que o tempo a germine e brote do nada a árvore da vida, deixando o corpo entregue ao turbilhão de poeira que invade os desertos.

António Almas 138

Inflexões

Em tumultuosos mares navega a caravela, carregando minh'Alma, amarrada ao mastaréu, como se fosse meu corpo réu de sumário processo de liquidação. Questiono a resistência da embarcação, perante tamanha fúria, onde vagas gigantes de crista afiladas ceifam pedaços destas tábuas. Será este invólucro capaz de enfrentar tamanho furação? Ou quebrar-se-á como frágil casca de ovo, derramando assim a minha essência no fluido agitado deste oceano.

Não temo a morte, porque sei que este vestido que me cobre, pouco mais é que um simples sudário, que se fará pó e se dissolverá nas conturbadas águas. Temo pela Alma, que eterna, pode perder-se entre o Céu toldado de nuvens e o borbulhar das trevas que martirizam as almas de tantos outros náufragos. Por isso, qual Ulisses me prendo, para resistir à tentação do salto ao vazio, esperando a ascensão nas velas desfraldadas, como pássaro de asas ao vento.

De regresso das areias do deserto, onde nómadas, tal como eu, percorrem trilhos antigos e se perdem na

Inflexões

imensidão duma parca existência, em que cada passo os dissolve no vazio das noites frias. Sou um corpo sem sítio, não me sinto senhor do meu castelo de infância, onde era dono de todos os domínios. Emigrei para um novo reino, onde já não resido, entreguei-o aos meus herdeiros que o regem com da deposta rainha duma velha história que de encantar pouco teve. Hoje, habito numa caverna platónica, onde as sombras são uma realidade ilusória e eu, um qualquer amarrado que se libertou e corre sérios risco de ser considerado louco por ter visto a realidade para lá do lusco-fusco da minha prisão.

Talvez este percurso aleatório em que se tornou a minha vida, me tenha trazido até aqui, até esta dicotomia entre dois mundos, duas realidades que me dividem e me constrangem forçando-me a ser quem não sou, contudo sendo-o verdadeiramente na profundidade da minha escrita, nessa mensagem subliminar que passo.

Transcender o corpo, ultrapassar o limite, estar para lá do vento, do calor, do frio, do cansaço... Olhar o infinito como se ele fosse o caminho mais próximo para o destino, como se nele estivesse já impresso o momento em que arqueamos o corpo para despi-lo, removemos a pele e libertamos a Alma numa explosão de clarividência, que permite às sombras existirem por entre os objectos mais queridos do nosso mundo interior. Esta sensação é o acordar da consciência, o despertar do dia, não um qualquer dia mas aquele dia em que soubemos com toda a certeza que somos aquilo que queremos efectivamente ser. Hoje o vazio não é apenas um buraco profundo onde tememos cair, mas o céu infinito onde queremos voar. Hoje o escuro não é apenas a incompreensão do que não vemos, mas um corpo que queremos abraçar, iluminar e sentir no lusco-fusco da nossa existência. Hoje o silêncio não é apenas a ausência de sons, mas uma melodia suave que canta todas as nossas vontades. Por isso este dia, em que tomamos nas mãos a efectiva razão de ser, será o marco que ficará no percurso duma longa vida, ele assinalará o momento em que fomos capaz de perder o medo e assumir a nós próprios o risco

Inflexões

de ser, de estar, de saborear e de viver, conforme a nossa crença e a nossa convicção. CARPE DIEM

Inflexões

Nenhuma obra nasce sem a mão do seu criador, ele pode ser divinamente perfeito, ou maleficamente pérfido. Contudo para lá do que a nossa vista alcança há um Universo, ou vários, que se regem por regras que fomos descobrimos, mas não inventámos. Acreditar em algo, não significa que esse algo exista. Sonhamos, contudo nem todos os sonhos são exequíveis. Penso que o equilíbrio entre a crença e a realidade é que mantém todas estas maravilhas que sequer podemos ver, funcionando como um relógio cósmico que "alguém" um dia se lembrou de criar, não para nós, para gáudio de nosso umbigo, mas para preencher o vazio, iluminando-o com triliões de estrelas, galáxias e pequenos mundos, onde a "vida", não a nossa, mas a que existe em diversas formas, subsista.

António Almas   143

"Crescei e multiplicai-vos" (Gn 1,28)

Talvez seja necessário multiplicar-se, ou talvez deva dizer dividir-se, para percebermos que não somos apenas um, mas o legado de muitos que antes de nós, cresceram e multiplicaram-se, para que estivéssemos aqui. E estamos aqui para crescer, para aprender a não ser egocêntricos, dividindo-nos em mil afazeres, multiplicando-nos por várias gerações que depois de nós virão, e para eles seremos apenas e tão só uma pedra da catedral, que nem se quer se vê no aglomerado de tantas pedras e maravilhosas esculturas, mas que sem ela, todo o monumento ruiria. Por isso Deus, que tudo vê e em todos os lados está, disse-nos em Génesis, no Princípio, no Alfa, que sozinhos nunca seríamos mais que uma pedra, mas que juntos seríamos a mais bela catedral de todos.

António Almas   144

www.ingramcontent.com/pod-product-compliance
Lightning Source LLC
La Vergne TN
LVHW021503080426
835509LV00018B/2382